러시아어
토르플 2급
실전 모의 고사

러시아어 토르플 2급 실전 모의 고사
❺

초판 인쇄 2021년 09월 06일
초판 발행 2021년 09월 10일

지은이 Гончар И.А., Ерофеева И.Н., Колесова Д.В., Рогова К.А., Хорохордина О.В., Попова Т.И.

펴낸이 김선명
펴낸곳 뿌쉬낀하우스
책임편집 엄올가
편집 김율리아, 송사랑
디자인 김율하

주소 서울시 중구 동호로 15길 8, 리오베빌딩 3층
전화 02) 2237-9387
팩스 02) 2238-9388
홈페이지 www.pushkinhouse.co.kr

출판등록 2004년 3월1일 제2004-0004호

ISBN 979-11-7036-059-9 14790
978-89-92272-64-3 (세트)

© ООО Центр «Златоуст», 2020
Настоящее издание осуществлено по лицензии, полученной от ООО Центр «Златоуст»
© Pushkin House, 2021

이 책의 한국어판 저작권은 «Златоуст» 출판사와 독점 계약한 뿌쉬낀하우스에 있습니다.
저작권법에 의해 한국 내에서 보호를 받는 저작물이므로 무단 전재와 무단 복제를 금합니다.

※ 잘못된 책은 바꿔 드립니다.

Тест по русскому языку как иностранному
Второй сертификационный уровень

토르플 고득점을 위한 모의고사 시리즈

TORFL

러시아어
토르플 2급
실전 모의고사 5

Гончар И.А., Ерофеева И.Н., Колесова Д.В., Рогова К.А.,
Хорохордина О.В., Попова Т.И. 지음

뿌쉬낀하우스

※ MP3 파일은 뿌쉬낀하우스 홈페이지(www.pushkinhouse.co.kr)에서 무료로 다운로드받을 수 있습니다.
또한 스마트폰을 통해 문제 페이지에 있는 QR코드를 스캔하면 듣기·말하기 영역 MP3 파일을 바로 청취할 수 있습니다.

contents

토르플 길라잡이 _6

1부 테스트

Субтест 1.　　ЛЕКСИКА. ГРАММАТИКА 어휘, 문법 영역　_11

Субтест 2.　　ЧТЕНИЕ 읽기 영역　_37

Субтест 3.　　ПИСЬМО 쓰기 영역　_52

Субтест 4.　　АУДИРОВАНИЕ 듣기 영역　_56

Субтест 5.　　ГОВОРЕНИЕ 말하기 영역　_64

2부 정답

어휘, 문법 영역 정답　_73

읽기 영역 정답　_77

쓰기 영역 예시 답안　_78

듣기 영역 정답 및 녹음 원문　_82

말하기 영역 예시 답안　_87

첨부: 답안지　РАБОЧИЕ МАТРИЦЫ　_101

1. 토르플 시험이란?

토르플(TORFL)은 'Test of Russian as a Foreign Language'의 약자로 러시아 교육부 산하기관인 '러시아어 토르플 센터'에서 주관하는 외국인 대상 러시아어 능력 시험이다. 기초 단계에서 4단계까지 총 여섯 단계로 나뉘어 있으며 시험 과목은 어휘·문법, 읽기, 듣기, 쓰기, 말하기의 다섯 영역으로 구성되어 있다. 현재 토르플은 러시아 내 대학교의 입학 시험, 국내 기업체, 연구소, 언론사 등에서 신입사원 채용 시험 및 직원들의 러시아어 실력 평가를 위한 방법으로 채택되고 있다.

2. 토르플 시험 단계

토르플 시험은 기초단계, 기본단계, 1단계, 2단계, 3단계, 4단계로 나뉘어 있다.

· 기초단계 (элементарный уровень)
  일상생활에서 필요한 최소한의 러시아어 구사가 가능한 가장 기초 단계이다.

· 기본단계 (базовый уровень)
  일상생활에서 필요한 기본적인 의사 소통이 가능한 단계이다.

· 1단계 (I сертификационный уровень)
  일상생활에서의 자유로운 의사소통뿐만 아니라, 사회, 문화, 역사 등의 분야에서 러시아인과 대화가 가능한 공인단계이다. 러시아 대학에 입학하기 위해서는 1단계 인증서가 필요하며, 국내에서는 러시아어문계열 대학졸업시험이나 기업체의 채용 및 사원 평가 기준으로도 채택되고 있다.

· 2단계 (II сертификационный уровень)
  원어민과의 자유로운 대화뿐만 아니라, 문화, 예술, 자연과학, 공학 등 전문 분야에서도 충분히 의사소통이 가능한 공인단계이다. 2단계 인증서는 러시아 대학의 비어문계 학사 학위 취득을 위한 요건이며 석사 입학을 위한 자격 요건이기도 하다. 1단계와 마찬가지로 국내에서는 러시아어문계열 대학졸업시험이나 기업체의 채용 및 사원 평가 기준으로도 채택되고 있다.

· 3단계 (III сертификационный уровень)

사회 전 분야에 걸쳐 고급 수준의 의사소통 능력을 지니고 있어 러시아어로 전문적인 활동이 가능한 공인단계이다. 러시아 대학의 비어문계열 석사와 러시아어문학부 학사 학위를 취득하기 위해서 3단계 인증서가 필요하다.

· 4단계 (IV сертификационный уровень)

원어민에 가까운 러시아어 구사 능력을 지니고 있는 가장 높은 공인단계로, 이 단계의 인증서를 획득하면 러시아어문계열의 모든 교육과 연구 활동이 가능하다. 4단계 인증서는 러시아어문학부 석사, 비어문계열 박사, 러시아어 교육학 박사 등의 학위를 취득하기 위한 요건이다.

3. 토르플의 시험영역

토르플 시험은 어휘·문법, 읽기, 듣기, 쓰기, 말하기의 다섯 영역으로 구성되어 있다.

· 어휘·문법 영역 (ЛЕКСИКА. ГРАММАТИКА)
객관식 필기 시험으로 어휘와 문법을 평가한다. (*사전 이용 불가)

· 읽기 영역 (ЧТЕНИЕ)
객관식 필기 시험으로 주어진 본문과 문제를 통해 독해 능력을 평가한다. (*사전 이용 가능)

· 듣기 영역 (АУДИРОВАНИЕ)
객관식 필기 시험으로 들려 주는 본문과 문제를 통해 이해 능력을 평가한다. (*사전 이용 불가)

· 쓰기 영역 (ПИСЬМО)
주관식 필기 시험으로 주제에 알맞은 작문 능력을 평가한다. (*사전 이용 가능)

· 말하기 영역 (ГОВОРЕНИЕ)
주관식 구술 시험으로 주어진 상황에 적합한 말하기 능력을 평가한다. (*사전 이용이 가능한 문제도 있음)

4. 토르플 시험의 영역별 시간

구 분	기초 단계	기본 단계	1단계	2단계	3단계	4단계
어휘·문법 영역	40분	50분	60분	90분	90분	60분
읽기 영역	40분	50분	50분	60분	60분	60분
듣기 영역	30분	30분	35분	35분	35분	45분
쓰기 영역	30분	50분	60분	55분	75분	80분
말하기 영역	20분	25분	60분	45분	45분	50분

*토르플 시험의 영역별 시간은 시험 시행기관마다 조금씩 다를 수 있습니다.

5. 토르플 시험의 영역별 만점

구　　　분	기초 단계	기본 단계	1단계	2단계	3단계	4단계
어휘·문법 영역	100	100	165	150	100	140
읽기 영역	120	180	140	150	150	127
듣기 영역	100	150	120	150	150	150
쓰기 영역	40	80	80	65	100	95
말하기 영역	90	120	170	145	150	165
총 점수	450	630	675	660	650	677

6. 토르플 시험의 합격 점수

구　　　분	기초 단계	기본 단계	1단계	2단계	3단계	4단계
어휘·문법 영역	66-100점 (66%이상)	66-100점 (66%이상)	109-165점 (66%이상)	99-150점 (66%이상)	66-100점 (66%이상)	92-140점 (66%이상)
읽기 영역	79-120점 (66%이상)	119-180점 (66%이상)	92-140점 (66%이상)	99-150점 (66%이상)	99-150점 (66%이상)	84-127점 (66%이상)
듣기 영역	66-100점 (66%이상)	99-150점 (66%이상)	79-120점 (66%이상)	99-150점 (66%이상)	99-150점 (66%이상)	99-150점 (66%이상)
쓰기 영역	26-40점 (66%이상)	53-80점 (66%이상)	53-80점 (66%이상)	43-65점 (66%이상)	66-100점 (66%이상)	63-95점 (66%이상)
말하기 영역	59-90점 (66%이상)	79-120점 (66%이상)	112-170점 (66%이상)	96-145점 (66%이상)	99-150점 (66%이상)	109-165점 (66%이상)

1부 테스트

Субтест 1. ЛЕКСИКА. ГРАММАТИКА

Инструкция по выполнению теста

- **Время выполнения теста — 90 минут.**
- Вы получили задания, инструкции к заданиям и матрицы.
- **Напишите в матрице фамилию, имя, страну и дату.**
- Тест состоит из 6 частей (150 заданий).
- При выполнении теста **пользоваться словарём нельзя**.
- В заданиях нужно выбрать вариант ответа и отметить его в матрице.

Например:

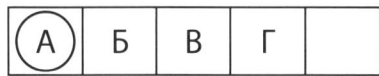

(Вы выбрали вариант А).

Если вы ошиблись и хотите исправить ошибку, сделайте так:

Например:

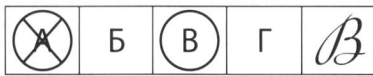

(Ваш выбор — вариант В, вариант А — ошибка).

Отмечайте ваш выбор только в матрице, в тесте ничего не пишите! Проверяться будет только матрица.

ЧАСТЬ 1

Задания 1–25. Выберите один вариант ответа и отметьте его в матрице.

1	Секретарь Соловьёва _____ студентов об отмене занятий.	А Б В Г	предупреждал предупредил предупредили предупредила
2	Международные кинофестивали ежегодно _____ много зрителей.	А Б В Г	посетили посещали посещает посетят
3	Большую часть зрителей в последнем театральном сезоне _____ молодёжь.	А Б В Г	составила составили составят составляют
4	На выполнение теста _____ 2 часа.	А Б В Г	потребовались потребовался потребовалось потребовалась
5	Часть выпускных экзаменов уже _____ .	А Б В Г	сдана сданы сдано сдан
6	В тот год лето стояло _____ .	А Б В Г	дождливым, но жарко дождливое, но жаркое дождливо, но жарко дождливое, но жарким
7	Московские музеи _____ своими коллекциями.	А Б В Г	известные известными известно известны

8	Данное решение директора представляется _____ .	А Б В Г	ошибочным ошибочный ошибочно ошибочное
9	Комментарий этого журналиста так _____ !	А Б В Г	смелый смел смело смелым
10	Антон потерял очки и _____ в оптике новые.	А Б	купил покупал
11	Она болела и поэтому неделю не _____ на работу.	А Б	пришла приходила
12	Пианист давно не _____ с концертами, и публика стала забывать его.	А Б	выступил выступал
13	Вы долго не _____ спортом?	А Б	занимались занялись
14	Подруги поссорились и уже два года не _____ друг другу.	А Б	писали написали
15	Ты что, уже убираешь свой альбом? Нам всем интересно увидеть, какие ещё достопримечательности ты снял во время своего путешествия. Давай, _____ дальше!	А Б	показывай покажи
16	Вот тебе ключ от моей дачи, только смотри не _____ его!	А Б	теряй потеряй
17	Дорогие друзья! Прошу к столу! _____ !	А Б	Угоститесь, повеселитесь Угощайтесь, веселитесь
18	Официант! Пожалуйста, не _____ пока десерт!	А Б	подайте подавайте

19	Завтра тест по переводу. Надо _____ с собой словарь.	А Б	приносить принести
20	Сегодня так много работы, что мне никак не _____ на день рождения к другу.	А Б	успеть успевать
21	Не стоит _____ , что ты решишь все проблемы фирмы, если у тебя нет таких возможностей.	А Б	обещать пообещать
22	Нередко в центре города не _____ свободного места для парковки машины.	А Б	находить найти
23	В этом конкурсе очень сильные участники: тебе не _____ .	А Б	победить побеждать
24	Вы можете не _____ . Ещё целый час до спектакля.	А Б	спешить поспешить
25	К сожалению, этот матч нашей команде не удалось _____ .	А Б	выигрывать выиграть

Часть 2

Задания 26–50. Выберите один вариант ответа и отметьте его в матрице.

| 26 | Сложные научные термины нелегко объяснить _____ . | А Б В Г | о простых словах до простых слов с простыми словами простыми словами |
| 27 | Многие люди мечтают _____ . | А Б В Г | хорошую карьеру о хорошей карьере для хорошей карьеры по хорошей карьере |

28	Политологи часто обсуждают по телевизору _____ .	А	по международным конфликтам
		Б	о международных конфликтах
		В	международных конфликтов
		Г	международные конфликты
29	Больной испугался _____ .	А	плохих результатов анализов
		Б	плохими результатами анализов
		В	по плохим результатам анализов
		Г	о плохих результатах анализов
30	Не беспокойтесь _____ . Вы увидите вскоре, что она сможет устроить свою жизнь.	А	за мою сестру
		Б	с моей сестрой
		В	моей сестрой
		Г	моей сестре
31	Стюардессы во время полёта вежливо общались _____ .	А	взволнованных пассажиров
		Б	с взволнованными пассажирами
		В	для взволнованных пассажиров
		Г	взволнованные пассажиры
32	Партнёры убеждены _____ предстоящих мероприятий.	А	огромным успехом
		Б	в огромном успехе
		В	с огромным успехом
		Г	из-за огромного успеха

33	Эта закономерность понятна _____ .	А	всех
		Б	всеми
		В	всем
		Г	обо всех

34	Где находится ближайший _____ большой город?	А	к этой деревне
		Б	этой деревне
		В	у этой деревни
		Г	для этой деревни

35	Клиенты новой гостиницы не были удовлетворены _____ .	А	по уровню обслуживания
		Б	с уровнем обслуживания
		В	уровнем обслуживания
		Г	при уровне обслуживания

36	Мой отпуск заканчивается _____ .	А	две недели
		Б	на две недели
		В	около двух недель
		Г	через две недели

37	Дети плакали _____ .	А	при прощании с родителями
		Б	от прощания с родителями
		В	из прощания с родителями
		Г	по прощанию с родителями

38	_____ администрация театра попросила нас выключить мобильные телефоны.	А	Через минуту после спектакля
		Б	На минуту до спектакля
		В	За минуту до спектакля
		Г	За минуту после спектакля

39	Мы встречаемся с подругами в фитнес-клубе _____ .	А Б В Г	на каждую неделю по каждой неделе в каждую неделю каждую неделю
40	От дома до работы я обычно доезжаю _____ .	А Б В Г	15 минут за 15 минут по 15 минут на 15 минут
41	Вилку кладут слева _____ .	А Б В Г	от тарелки к тарелке по тарелке для тарелки
42	Удобно, когда жильё расположено рядом _____ .	А Б В Г	от станции метро к станции метро у станции метро со станцией метро
43	Недалеко _____ находился кинотеатр.	А Б В Г	от нашего института с нашим институтом у нашего института к нашему институту
44	Заранее запланированная пресс-конференция была отменена _____ мэра.	А Б В Г	из неожиданной болезни от неожиданной болезни из-за неожиданной болезни по неожиданной болезни
45	Аспирант блестяще защитил диссертацию _____ научного руководителя.	А Б В Г	из-за поддержки благодаря поддержке от поддержки по поддержке

46	Прошу уволить меня _____ .	А	по собственному желанию
		Б	из-за собственного желания
		В	от собственного желания
		Г	в связи с собственным желанием
47	Олег позвал собаку _____ .	А	с ласковым голосом
		Б	в ласковом голосе
		В	при ласковом голосе
		Г	ласковым голосом
48	У внука была способность _____ бабушку, когда она расстраивалась из-за чего-то.	А	к успокоению
		Б	для успокоения
		В	успокоения
		Г	успокаивать
49	На обед я взяла салат _____ .	А	свежих овощей
		Б	в свежих овощах
		В	из свежих овощей
		Г	под свежими овощами
50	В этой больнице отделение _____ работает без выходных.	А	скорая помощь
		Б	скорой помощи
		В	по скорой помощи
		Г	для скорой помощи

ЧАСТЬ 3

Задания 51–58. Выберите один вариант ответа и отметьте его в матрице.

51	Пейзажи, нередко _____ в литературных произведениях, выполняют важную художественную функцию.	А Б В Г	описывающие описавшие описываемые описанные
52	_____ парадная столовая дворца произвела на первых посетителей огромное впечатление своим декором.	А Б В Г	Реставрирующаяся Отреставрировавшая Реставрируемая Отреставрированная
53	Композитор, _____ классическую музыку в стиле джаз, заслужил овации публики.	А Б В Г	аранжировавший аранжирующийся аранжируемый аранжированный
54	Окно, _____ в тихий двор, всегда приоткрыто.	А Б В Г	выходившее вышедшее выходящее выходя
55	_____ иностранные языки, человек знакомится с культурами других стран.	А Б В Г	Освоившие Осваивая Осваивающие Освоенные
56	С трудом _____ соперницу, эстонская теннисистка всё-таки стала чемпионкой престижного турнира.	А Б В Г	обыгрывая обыгранная обыграв обыгрывающая
57	Максим, _____ о бездомных животных, добровольно помогал владельцам собачьего приюта в их нелёгкой работе.	А Б В Г	заботясь озаботившийся позаботившись озабоченный

58	Василий Петрович, _____ на капитанский мостик, руководил манёврами своего корабля.	А	подняв
		Б	поднимая
		В	поднявшись
		Г	поднимаемый

Задания 59–75. Установите синонимические отношения между выделенными конструкциями и вариантами ответов. Отметьте один вариант ответа в матрице.

59	Туристов, **не заполнивших декларации**, задержат на таможенном контроле.	А	которых не заполняли декларации
		Б	которые не заполнят декларации
		В	которые не заполнили декларации
		Г	которых не заполняют декларации
60	Лаборант предоставил руководителю проекта отчёт, **подготовленный отделом**.	А	который подготавливает отдел
		Б	который подготавливал отдел
		В	который подготовит отдел
		Г	который подготовил отдел
61	Полковник дал инструкции полицейскому, **заступающему на дежурство**.	А	который заступит на дежурство
		Б	которому заступать на дежурство
		В	к которому заступили на дежурство
		Г	который заступает на дежурство

62	Продавец проверял цены на товар, **расставляемый рабочими**.	А	на который расставляют рабочие
		Б	на который расставят рабочие
		В	который расставят рабочие
		Г	который расставляют рабочие
63	Явления природы, **которые изучают биологи**, нередко необычайно сложны для понимания.	А	изучаемые биологами
		Б	изученные биологами
		В	изучавшие биологи
		Г	изучающие биологи
64	Не верится, чтобы человек, **который искренне восхищается искусством**, мог бы быть грубым в жизни.	А	искренне восхищавшийся искусством
		Б	искренне восхищённый искусством
		В	искренне восхищаемый искусством
		Г	искренне восхищающийся искусством
65	Пешеход, **которого сбила машина**, доставлен в больницу.	А	сбиваемый машиной
		Б	сбитый машиной
		В	сбивавший машиной
		Г	сбивший машиной
66	Посетителей, **которые забыли вещи в метро**, просим обращаться в бюро находок.	А	забытых вещей в метро
		Б	забывающих вещи в метро
		В	забывавших вещи в метро
		Г	забывших вещи в метро

67	Молодой человек, **входя в холл театра**, обнаружил, что оставил билет дома.	А	когда входил в холл театра
		Б	когда вошёл в холл театра
		В	хотя вошёл в холл театра
		Г	если бы вошёл в холл театра
68	**Тщательно ухаживая за своим садом**, вы получите прекрасный урожай.	А	Так как вы тщательно будете ухаживать за своим садом
		Б	Если вы тщательно ухаживаете за своим садом
		В	Несмотря на то что вы тщательно ухаживали за своим садом
		Г	Хотя вы тщательно ухаживали за своим садом
69	**Тепло одевшись**, Ирина всё-таки замёрзла в это морозное утро.	А	Если Ирина тепло оделась
		Б	Так как Ирина тепло оделась
		В	Когда Ирина тепло оделась
		Г	Хотя Ирина тепло оделась
70	Артём немедленно отправился домой, **получив тревожное сообщение от матери**.	А	несмотря на то, что получил тревожное сообщение от матери
		Б	если получил тревожное сообщение от матери
		В	если получит тревожное сообщение от матери
		Г	так как получил тревожное сообщение от матери

71	**Если брат играет на компьютере**, он забывает обо всём.	А	Игравший на компьютере
		Б	Игранный на компьютере
		В	Играя на компьютере
		Г	Играемый на компьютере
72	**Когда орхидеи распустились**, они привлекли к себе внимание всех посетителей ботанического сада.	А	Распустив орхидеи
		Б	Распустившись, орхидеи
		В	Распускаясь, орхидеи
		Г	Распускаемые орхидеи
73	**Когда учитель беседует с детьми**, он ни на что не отвлекается.	А	Беседуя с детьми
		Б	Беседовавший с детьми
		В	Побеседовав с детьми
		Г	Побеседовавший с детьми
74	Я вернусь из командировки раньше, чем предполагал, **потому что быстро получил нужные сведения**.	А	быстро получивший нужные сведения
		Б	быстро полученные нужные сведения
		В	быстро получая нужные сведения
		Г	быстро получив нужные сведения
75	**Хотя я объехал на машине пол-Европы**, не чувствую себя уверенно за рулём в другой стране.	А	Объехавший на машине пол-Европы
		Б	Объезжая на машине пол-Европы
		В	Объехав на машине пол-Европы
		Г	Объезжающий на машине пол-Европы

ЧАСТЬ 4

Задания 76–93. Выберите один вариант ответа и отметьте его в матрице.

76	Раньше было так: женщины занимались воспитанием детей, _____ мужчины зарабатывали деньги.	А Б В Г	а и но или
77	Окно открылось, _____ из него выпрыгнул кот.	А Б В Г	тоже также и но
78	Газета, _____ я прочитал эту новость, – надёжный источник информации.	А Б В Г	из которой на которой от которой в которой
79	Сосед, _____ грузовик стоит у нас во дворе, работает шофёром.	А Б В Г	которого который чей чьего
80	С деревьев падают такие красивые разноцветные листья, _____ можно увидеть в разгар золотой осени.	А Б В Г	какие чего которых чьи
81	Пресс-секретарь никак не мог решить, _____ ему ответить на неудобный вопрос журналиста.	А Б В Г	как будто ли чтобы что бы
82	Важно, _____ в течение рабочего дня в офисе было тихо.	А Б В Г	чтобы будто бы как будто как бы

83	Многие пожилые люди рассчитывают _____ , что всем необходимым их обеспечит государство.	А Б В Г	в том с тем о том на то
84	Всем было слышно, _____ в зоопарке рычал лев.	А Б В Г	оттого притом а именно как
85	Создавать действительно выдающиеся произведения искусства могут только те, _____ есть огромный талант.	А Б В Г	для кого у кого с кем к кому
86	Ребята сомневаются, _____ идти на этот баскетбольный матч.	А Б В Г	если стоит стоит же стоит ли чтобы стоить
87	У меня в машине кончается бензин. Я не знаю, _____ ещё мы сможем проехать.	А Б В Г	сколько что куда как
88	_____ становилось холоднее, птицы улетали на юг.	А Б В Г	До тех пор пока До тех пор пока не По мере того как Насколько
89	Компьютерный мастер старался отремонтировать мой старенький компьютер, _____ убедился, что это невозможно.	А Б В Г	пока пока не когда где
90	Выбирая университет, студенты всегда хотят поступить _____ , где им будет интереснее учиться.	А Б В Г	куда там туда оттуда

91	Столовая уже закрыта, _____ нам здесь пообедать не удастся.	А Б В Г	так как так что потому что ибо
92	_____ Наташа не звонит, значит, у неё всё в порядке.	А Б В Г	Потому что Как Если Хотя
93	Вертолёту удалось сесть, _____ у него сломался один винт.	А Б В Г	если так как хотя как

Задания 94–100. Установите синонимические соответствия между выделенными конструкциями и вариантами ответов. Отметьте один вариант ответа в матрице.

94	**С наступлением утра** спасатели возобновят поиск пропавшего ребёнка.	А Б В Г	Хотя наступит утро, Если наступит утро, Так как наступит утро, Когда наступит утро,
95	**По окончании вуза** Николай устроился на престижную работу.	А Б В Г	Когда оканчивал вуз, После того как окончил вуз, Прежде чем окончил вуз, Когда окончит вуз,

96	**Вопреки прогнозам**, первым к финишу пришёл спортсмен из Кении.	А	Как и прогнозировали,
		Б	Хотя этого не прогнозировали,
		В	Поскольку это прогнозировали,
		Г	Если бы это прогнозировали,
97	**По неосторожности** Иван разбил в гостях вазу.	А	Когда был неосторожен,
		Б	Хотя был неосторожен,
		В	Так как был неосторожен,
		Г	Если бы был неосторожен,
98	– Кстати, где Игорь? – Он ушёл **за хлебом**.	А	после того как он купил хлеб.
		Б	так как купил хлеб.
		В	когда он купил хлеб.
		Г	чтобы купить хлеб.
99	Школьники пришли **навестить старого учителя**.	А	чтобы навестить старого учителя.
		Б	так как пришлось навестить старого учителя.
		В	несмотря на то учитель стал стар.
		Г	если бы было нужно навестить старого учителя.
100	Андрей спросил ребят: «**Вы пойдёте со мной в поход?**»	А	пойдёте ли вы с ним в поход.
		Б	пойдёте ли вы со мной в поход.
		В	пойдут ли они с ним в поход.
		Г	пойдут ли они со мной в поход.

ЧАСТЬ 5

Задания 101–125. Выберите один вариант ответа и отметьте его в матрице.

101	_____ пьесы происходит в маленьком южном городке.	А Б В Г	Действительность Действенность Деятельность Действие
102	На воротах висела табличка: «_____ нет!»	А Б В Г	Похода Прохода Прихода Перехода
103	Маша очень скучала по маме, поэтому радовалась её _____ .	А Б В Г	приезду отъезду подъезду проезду
104	Север Марине не понравился: она сказала, что там мало _____ в природе.	А Б В Г	различия разницы разности разнообразия
105	Летний день был очень _____ : термометр показывал +40 °C.	А Б В Г	раскалённым горячим жарким жареным
106	_____ район города интересен тем, что там много исторических зданий.	А Б В Г	Центровой Центрический Центральный Центристский
107	Для чего нужен _____ знак в русском языке?	А Б В Г	вопросительный вопрошающий вопрошаемый вопросный

108	Я ставлю самые дорогие книги на _____ полку.	А Б В Г	верхнюю верховную верховую вершинную
109	Врач рекомендовал пациенту регулярно принимать _____ лекарство.	А Б В Г	значимое значащее назначенное означаемое
110	Из _____ ягод зимой можно приготовить десерты, например, компот, кисель или желе.	А Б В Г	мороженых морозных морозостойких морозящих
111	На стене дома нарисованы граффити, хорошо _____ отовсюду.	А Б В Г	видовые виденные видные видящие
112	Я _____ видела твой шарф, но где именно не помню.	А Б В Г	где-либо где-нибудь где-то кое-где
113	Тёплые дни _____ незаметно: вот уже опять пришла зима.	А Б В Г	пришли пролетели пронесли прокатили
114	Для подписания договора партнёры решили _____ на компромисс.	А Б В Г	носить вести пойти ползти
115	Чтобы потушить лесной пожар, специальный самолёт целый день _____ весь лес и сбрасывал на него тонны воды.	А Б В Г	перелетал полетал излетал облетал

116	Мы выбрали его депутатом, и надеемся, что он нас не _____ : выполнит всё, что обещал на выборах.	А Б В Г	повезёт подведёт понесёт пронесёт
117	Перед отъездом на каникулы хочу _____ в порядок все свои дела.	А Б В Г	привести принести привезти прийти
118	Известный писатель оставил мне свой автограф: он _____ на обложке своей новой книги, которую я только что купил.	А Б В Г	записался дописался расписался выписался
119	В зоомагазине я так _____ на попугаев, что чуть не забыл купить корм своей кошке.	А Б В Г	присмотрелся засмотрелся насмотрелся всмотрелся
120	После замечаний научного руководителя аспирант _____ свою диссертацию.	А Б В Г	заработал поработал выработал доработал
121	Не спеши отказываться от участия в этом исследовании, _____ хорошенько все плюсы и минусы предлагаемого тебе проекта.	А Б В Г	вдумайся задумайся придумай обдумай
122	_____ мне, пожалуйста, чтобы я не забыл завтра отнести пальто в химчистку.	А Б В Г	Припомни Напомни Вспомни Помни
123	Покупатель попросил продавца помочь ему _____ духи для девушки.	А Б В Г	прибрать забрать набрать подобрать

124	Чтобы удовлетворить клиента, пришлось несколько раз _____ его заказ.	А Б В Г	переделать наделать приделать поделать
125	Мы часто меняем своё мнение о людях и событиях, _____ даже не понимая почему.	А Б В Г	всегда навсегда иногда никогда

ЧАСТЬ 6

Задания 126–132. Вы работаете со связным текстом. Выберите один вариант ответа и отметьте его в матрице.

Константин Эдуардович Циолковский

Долгое время имя К.Э. Циолковского оставалось **(126)** _____ даже в России. Сегодня каждому образованному человеку Циолковский представляется **(127)** _____ . Но раньше Циолковского считали **(128)** _____ . Полёты на Луну, Марс и другие планеты стали **(129)** _____ многих поколений учёных. К.Э. Циолковский в конце XIX — начале XX веков сделал очень важные открытия, которые относятся **(130)** _____ . Интересно, что 1903 год — год первого в мире полёта на аэроплане, также оказался **(131)** _____ появления теории Циолковского о работе реактивного двигателя. Циолковский является **(132)** _____ учёного, опередившего своё время.

126	А	малоизвестный
	Б	малоизвестного
	В	малоизвестному
	Г	малоизвестным
127	А	выдающийся учёный, изобретатель и инженер
	Б	выдающегося учёного, изобретателя и инженера
	В	выдающимся учёным, изобретателем и инженером
	Г	выдающемуся учёному, изобретателю и инженеру
128	А	мечтателем-идеалистом
	Б	мечтателя-идеалиста
	В	мечтателю-идеалисту
	Г	мечтатель-идеалист
129	А	большую мечту
	Б	большой мечтой
	В	большой мечте
	Г	большой мечты
130	А	для ракетодинамики
	Б	о ракетодинамике
	В	с ракетодинамикой
	Г	к ракетодинамике
131	А	в году
	Б	к году
	В	годом
	Г	с годом
132	А	для яркого примера
	Б	на яркий пример
	В	к яркому примеру
	Г	ярким примером

Задания 133–140. Представлен текст **официальной жалобы**. Выберите один вариант ответа и отметьте его в матрице.

(133) _____ гостиницы «Студенческая»

от (134) _____ Эдвина Локка

ЖАЛОБА

Я заселился в вашу гостиницу 25 ноября 2016 года. (135) _____ 2 дней отопление в моей комнате не работает. Я неоднократно обращался к администратору вашей гостиницы (136) _____ отремонтировать отопление, но это не дало (137) _____ . (138) _____ прошу обязать работников вашей гостиницы немедленно устранить дефекты в системе отопления в моей комнате.

(139) _____   (140) _____

133.	А	Директору
	Б	Господину директору
	В	Уважаемому директору
	Г	Уважаемому господину директору
134	А	товарища
	Б	постояльца
	В	господина постояльца
	Г	господина
135	А	На протяжении
	Б	Во время
	В	За период
	Г	В срок

136	А	о требовании
	Б	за требованием
	В	с требованием
	Г	требование
137	А	никаких изменений
	Б	никаких результатов
	В	никаких исправлений
	Г	никаких реакций
138	А	По причине сказанного
	Б	Из-за сказанного
	В	По сказанному
	Г	В связи со сказанным
139	А	27 ноября 2016 г.
	Б	Ноябрь, 27, 2016 г.
	В	2016, ноябрь, 27
	Г	27, ноябрь, 2016 г.
140	А	Эдвин Локк
	Б	Заранее благодарен, Эдвин Локк
	В	С уважением, Эдвин Локк
	Г	Буду искренне признателен за помощь, Эдвин Локк

Задания 141–145. Представлен текст-**аннотация** к учебнику Л. Малининой «Основы информатики». Выберите один вариант ответа и отметьте его в матрице.

Учебник **(141)** _____ из двух разделов: теоретического и практического. В теоретической части учебника **(142)** _____ основы современной информатики как комплексной научно-технической дисциплины, а также **(143)** _____ ключевые понятия алгоритмизации и программирования. В практической части учебника **(144)** _____ алгоритмы основных действий при работе с текстовым процессором Microsoft Word, табличным редактором Microsoft Excel и антивирусными программами. Для закрепления пройденного материала в конце каждого раздела практического курса **(145)** _____ выполнить самостоятельную работу.

141	А	включает в себя
	Б	заключает в себе
	В	содержит
	Г	состоит
142	А	рассказаны
	Б	отмечены
	В	изложены
	Г	подчёркнуты
143	А	были представлены
	Б	представлены
	В	будут представлены
	Г	представили
144	А	освещаются
	Б	освещается
	В	освещались
	Г	освещалось
145	А	предлагалась
	Б	предложили
	В	предлагается
	Г	предложат

Задания 146–150. Представлены фрагменты текстов **газетно-публицистического стиля**.

Выберите один вариант ответа и отметьте его в матрице.

Министры иностранных дел России и Казахстана **(146)** _____ о развитии экономических связей между их государствами. Увеличение объёмов торговли между странами региона **(147)** _____ для всех. Участники встречи **(148)** _____ совместную пресс-конференцию. Договаривающиеся стороны **(149)** _____ подписать в ближайшее время соглашение о свободной торговле. Следующая встреча министров **(150)** _____ на 27 ноября.

146	А	будут разговаривать
	Б	проведут разговоры
	В	проведут переговоры
	Г	переговорят
147	А	взаимовыгодно
	Б	несёт в себе выгоды
	В	получает выгоды
	Г	взаимовыгода
148	А	дали
	Б	рассказали
	В	прочитали
	Г	выступили
149	А	стали готовы
	Б	указали готовность
	В	оказались готовы
	Г	выразили готовность
150	А	будет проведена
	Б	состоится
	В	намечена
	Г	пройдёт

Субтест 2. ЧТЕНИЕ

Инструкция по выполнению теста

- **Время выполнения теста — 60 минут.**

- Вы получили задания, инструкции к заданиям и матрицы.

- **Напишите в матрице фамилию, имя, страну и дату.**

- Тест состоит из 2 частей (25 заданий):

    часть 1 (задания 1–15) — выполняется на основе текстов 1, 2;
    часть 2 (задания 16–25) — выполняется на основе текста 3.

- При выполнении заданий части 2 **можно пользоваться толковым словарём**.

- В заданиях нужно выбрать вариант ответа и отметить его в матрице.

Например:

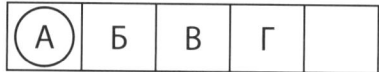

(Вы выбрали вариант А).

Если вы ошиблись и хотите исправить ошибку, сделайте так:

Например:

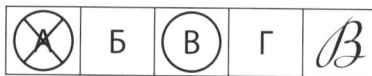

(Ваш выбор — вариант В, вариант А — ошибка).

Отмечайте ваш выбор только в матрице, в тесте ничего не пишите! Проверяться будет только матрица.

ЧАСТЬ 1

Инструкция по выполнению заданий 1–8

- Вам предъявляется текст.

- **Ваша задача** — прочитать текст и **закончить предложения**, данные после текста, выбрав правильный вариант.

- Внесите свой вариант ответа в матрицу.

- **Время выполнения задания:** 15 минут.

Задания 1–8. Прочитайте текст 1, **статью**, размещённую на сайте для путешественников. Выполните задания после него. Выберите один вариант ответа.

Текст 1

Город Воронеж был основан в 1585 году на берегу реки Ворона, вокруг которой росли сосновые боры, густые чащи лиственных лесов, где водилось много зверья, на лесных полянах всегда было много ягод, а в реке — много рыбы. Люди жили в основном за счёт рыбного промысла, но у них были и приручённые животные. Ещё жители этих мест умели сажать овощи и собирать мёд, возделывать участки земли.

В петровскую эпоху Воронежский край стал местом для строительства кораблей, которые участвовали в морских сражениях в Чёрном и Азовском морях. Дело в том, что река Воронеж впадает в Дон, а последний — в Азовское море. К тому же на берегах реки растёт дубовый лес. Дуб — дерево прочное, и поэтому петровские корабли получались весьма прочными и долговечными. Воронеж стал тогда колыбелью русского военно-морского флота.

Во времена правления Петра Великого Воронеж преобразился, стал развиваться — был приказ Петра I

«сделать город лучше». Город стал расти, промышленность — развиваться, торговали хлебом, салом, шерстью и домашним скотом. Темпы развития города ускорились, когда к городу подошла железная дорога.

Постепенно провинциальный город становился культурным центром, здесь начали издаваться журналы — по числу книг и периодических изданий он превосходил многие другие населённые пункты.

Во время Второй мировой войны в городе более 200 дней шли жестокие бои, но наши войска не позволили фашистам взять город, хотя он был сильно разрушен. Многие старинные часовни, церквушки и храмы были сожжены, и от них остались только кирпичные стены.

Каков Воронеж сегодня? Пожалуй, его можно назвать городом студентов. Сегодня здесь находится 36 высших учебных заведений и 53 средних специальных учебных заведения, в которых обучается свыше 127 тысяч студентов. Воронеж занимает третье место в России по количеству иностранных студентов — сегодня в местных вузах насчитывается более 1400 учащихся из стран Африки, Южной Америки и Европы.

Старейшее учебное заведение Черноземья — Воронежский государственный университет. За время своего существования он выпустил тысячи журналистов и юристов, экологов и экономистов. В уютном сквере перед университетом стоит памятник Андрею Платонову — замечательному русскому писателю первой половины XX века. Бронзовая фигура Платонова изображена во весь рост. Он шагает по родному городу, без шапки, в пальто, полы которого треплют порывы ветра. На чёрной гранитной плите слова: «А без меня народ неполный». Среди других памятников, которые любят жители, есть памятник верному псу Биму, которому посвящены повесть и кинофильм. Скульпторы сделали его на свои средства.

Воронеж — это город с отлично развитой промышленностью. Самые известные предприятия — Воронежское акционерное самолётостроительное общество, Воронежский механический завод, Воронежский керамический завод. Они являются главными градообразующими предприятиями города.

Город чтит знаменитых людей, которые жили здесь или посетили Воронеж. В центре города стоит памятник поэту А.В. Кольцову, ежегодно проводятся литературные чтения, посвящённые дате установления памятника О. Мандельштаму. В нём идёт интересная насыщенная художественная жизнь.

(По материалам сайта «Не сидится».
— URL: https://nesiditsa.ru/city/voronezh)

1. Воронеж появился _____ .

   А) в XVI веке

   Б) во времена Петра

   В) во времена строительства железных дорог

2. Жители Воронежа в древние времена занимались _____ .

   А) строительством

   Б) рыбной ловлей

   В) охотой

3. Река Воронеж _____ .

   А) впадала прямо в Азовское море

   Б) не впадала в Азовское море

   В) впадала в Дон, что связывало её с Азовским морем

4. Пётр I решил строить флот на реке Воронеж, потому что _____ .

   А) там был материал, из которого можно было строить корабли

   Б) в городе имелись хорошие мастера-судостроители

   В) император хорошо знал и любил этот красивый город

5. Во время Второй мировой войны город _____ .

   А) захватили враги

   Б) сопротивлялся и не сдался

   В) был полностью разрушен

6. Воронеж считается городом, где _____ .

А) главное занятие — авиастроение

Б) до настоящего времени строят суда

В) основное население — студенты

7. Литературные мероприятия связаны с памятником _____ .

А) Кольцову

Б) Платонову

В) Мандельштаму

8. В Воронеже развита промышленность, особое место занимает _____ .

А) судостроение

Б) авиастроение

В) приборостроение

Инструкция по выполнению заданий 9–15

- Вам предъявляется текст.
- **Ваша задача** — прочитать текст и **закончить предложения**, данные после текста, выбрав один вариант ответа.
- Отметьте выбранный вариант в матрице.
- **Время выполнения задания:** 15 минут.

Задания 9–15. Прочитайте текст 2, **статью** о потреблении в современном обществе. Выполните задания после него. Выберите один вариант ответа.

Текст 2

В последнее время учёные, социологи и психологи, были всерьёз обеспокоены тем, что в современном обществе придают чересчур большое значение материальным ценностям. Неудержимое стремление людей приобретать всё больше вещей — вот что стало предметом научных дискуссий.

Однако, как утверждает культуролог Виталий Куренной, в будущем потребление может перейти из материальной сферы в идейную, то есть люди будут платить за различные нематериальные блага. Как отмечает учёный, теперь становится менее популярным показывать своё превосходство, демонстрируя дорогие часы и шикарные автомобили. Сейчас мы наблюдаем иную тенденцию — люди демонстрируют свою приверженность определённому образу жизни и различным сообществам и присоединяются к группе увлечённых буддизмом, здоровым образом жизни или вегетарианством.

С усилением роли идейного потребления появились и другие тренды.

Это идеи, связанные, в основном, с экологией и защитой природы. Одна из них — «разумное потребление». Это означает экономию ресурсов, в том числе воды и электричества, ограничение покупок и приобретение только самых необходимых вещей. Люди демонстрируют свою приверженность так называемому «зелёному» тренду, и его популярность будет только возрастать.

Третий тип потребления связан с эмоциональным опытом. Сейчас люди с большой охотой приобретают впечатления. Поэтому, например, одна из самых быстрорастущих современных культурных индустрий — это музеи, от привычных картинных галерей до интерактивных технических музеев с занимательными экспозициями, где всё движется, светится и шумит.

Одной из форм эстетического потребления является туризм. Путешествовать стало невероятно популярно. Джон Урри, социолог и теоретик туризма, утверждает, что на этот факт во многом повлияла нынешняя медиакультура с её высокими техническими возможностями — это настоящая фабрика туризма. Благодаря реалистичным изображениям и видео

из разных уголков мира люди жаждут вживую увидеть и пережить то, что они видят на картинках. Потребность человека в новых впечатлениях стала основой сегодняшнего туристического рынка.

(По материалам сайта «ПостНаука».
— URL: https://postnauka.ru/faq/41327)

9. Статья посвящена _____ .

А) проблеме зависимости общества от материальных благ

Б) теме изменения общественных предпочтений

В) вопросу разумного потребления

10. Отношение культуролога к сложившейся ситуации _____ .

А) восторженное

Б) отрицательное

В) нейтральное

11. Перспектива ослабления интереса к материальным ценностям обусловлена _____ .

А) экономической ситуацией в мире

Б) изменением отношения к жизни у людей

В) интересом к природе

12. Разумное потребление — это приобретение лишь самого необходимого _____ .

А) в интересах семейного бюджета

Б) с целью сохранения природных ресурсов

В) ради экономии денег на путешествия

13. Подъём музейной индустрии в настоящее время _____ .

   А) связан с потребностью современного человека в эмоциях

   Б) наблюдается в связи с повышенным интересом к искусству

   В) происходит благодаря появлению частных музеев

14. Джон Урри связывает развитие туризма с _____ .

   А) высоким уровнем медиатехнологий

   Б) повышением уровня культуры в обществе

   В) современными возможностями перемещения по миру

15. Исследователи, культуролог и социолог, отмечают, что _____ .

   А) вскоре произойдёт полный отказ от материальных ценностей

   Б) люди становятся всё менее практичными

   В) для людей всё важнее становятся идеи и опыт переживаний

ЧАСТЬ 2

Инструкция по выполнению заданий 16–25

- Вам предъявляется отрывок из художественного текста.

- **Ваша задача** — прочитать текст и **закончить предложения**, данные после текста, выбрав правильный вариант.

- Внесите свой вариант ответа в матрицу.

- При выполнении задания можно пользоваться толковым словарём русского языка.

- **Время выполнения задания:** 30 минут.

Задания 16–25. Прочитайте текст 3, фрагмент **рассказа** современной писательницы Анны Радзивилл «Портрет Миши Зеликсона». Выполните задания после него. Выберите один вариант ответа.

Текст 3

Мир был прекрасен. В мире не было ничего плохого. Он весь был солнечный, разноцветный и счастливый. Дяди и тёти бродили по залам, совершенно позабыв о своих взрослых трудностях, и безмятежно улыбались.

Перед картиной финской девочки «Моя любимая кошка на весенней лужайке» хотелось сесть на пол и вытирать слёзы. А «Снег в Италии» вызывал желание поехать в Италию немедленно и спасти её от снега...

Я посмотрела на дочь. Она не была взволнована. Взгляд её цепко схватывал каждую картину, но ни на одной из них не задерживался. Я поняла, что она ищет портрет.

В зале нашей страны она остановилась перед одной из картин и ждала нас.

— Вот!

Огромная голова, нарисованная одним росчерком, непреклонные, близко посаженные глаза и крошечные внизу ручки и ножки.

«Портрет Миши З.» было написано в левом нижнем углу. А дальше — наша фамилия. Без инициалов.

— Это что, тот самый Миша? — удивилась я.

— Тот... — неохотно ответила Лёля.

С Мишей З. они учатся в одном классе. Как-то Лёлька пришла из школы и небрежно так меня проинформировала:

— Ты знаешь, сегодня Мишка Зеликсон мне сказал: «Что-то я тебя, Ольга, полюбил совсем...» Дурак!

— Ну почему дурак? Человек сказал, что тебя любит, а ты про него так говоришь... — осудила я.

— Ну мама! — возмутилась Лёлька. — Ну мог бы он это мне сказать так, чтобы меня не смутить?

— А какие у тебя сегодня оценки? — переменила я тему.

В дневнике красовалась аккуратная запись: «Безобразно себя вела: на всех уроках рисовала Зеликсона и свистела на лестнице растрёпанная. Обратить внимание на внешний вид».

... Я ещё раз посмотрела на портрет. Ах! Миша З. заглядывал со стены прямо в глубину моей души и требовал ответа...

Перед портретом собирались люди, что-то говорили. Подслушивать, хоть и очень хотелось, было неудобно, и мы отошли. Лёлька с места не тронулась.

В индийском зале меня поразили коровы. У коров были человеческие глаза и гирлянды цветов на рогах. Жевали они только цветы. Хотелось дружить с этими коровами.

Хотелось вот так же видеть мир!

Мы вернулись в наш зал. Мир был прекрасен. А в центре мира стоял наш ребенок в новом красном платье, вокруг ребенка живописно группировались симпатичные взрослые, а дальше, уже в тумане, всё остальное...

Мы подошли поближе. С откровенной ненавистью Лёлька смотрела в спину какому-то парню в свитере и сжимала кулаки.

Я бросилась к ней:

— Что, что случилось?

Она и на меня посмотрела оскорблённо, будто я в чём-то виновата.

— Да что с тобой, Лёля?

— Больше я вообще рисовать не буду! Вот! — отчеканила дочь. — Я рисовала-рисовала, а он обзывается...

Парень в свитере стоял перед портретом Миши З. и хохотал. С двух сторон на нём висели две одинаковые девицы и тоже бездумно смеялись.

— Как же это он обзывается?

Лёлька держалась — не хотела ябедничать. Но оскорбление было так безмерно, что она отошла в угол, нагнула голову и облилась слезами.

— Да что же он сказал-то, что? — трясла я её, готовая растерзать этого мерзавца в свитере, а заодно и его девиц.

— Он сказал: «Да-а, ехидная женщина нарисовала этот портрет!»

Папа беззвучно расхохотался, отвернувшись из осторожности. Лёлька этого не видела, потому что вытирала слёзы.

— Я теперь больше рисовать не буду. Никогда.

— А что же ты будешь делать?

— Я теперь буду учиться ходить по проволоке, — деловито решила она.

— Ты думаешь, это легче?

(Радзивилл А. Портрет Миши Зеликсона // Октябрь. — 2016. — № 10. — С. 144–146.)

16. Дело происходило на _____ выставке.

А) районной

Б) городской

В) международной

17. Детские рисунки были _____ .

А) разными

Б) страшными

В) скучнымиv

18. Девочка Лёля (Ольга) смотрела на рисунки _____ .

А) очень внимательно

Б) с ожиданием увидеть свой рисунок

В) безразлично

19. На портрете, который нарисовала Лёля, _____ .

А) внимание было сосредоточено на фигуре

Б) главными были голова, лицо, выражение глаз

В) человек был изображён во весь рост

20. О том, что Лёля рисует Мишу, _____ .

А) никто не знал

Б) мама не знала

В) в школе хорошо знали

21. На портрет, который нарисовала Лёля, _____ .

А) никто не обращал внимания

Б) люди смотрели и обсуждали его

В) посетители смотрели безразлично

22. Родители Лёли осматривали другие залы, в том числе _____ .

   А) индийский

   Б) финский

   В) греческий

23. Когда они вернулись, то увидели _____ дочку.

   А) счастливую

   Б) грустную

   В) обиженную

24. Молодой человек с двумя девушками _____ .

   А) восхитился рисунком

   Б) подумал, что художнице нравится «Миша З.»

   В) не понял того, что хотела выразить Лёля

25. Какое из возможных названий этого рассказа вы бы могли выбрать _____ .

   А) «Первая любовь Лёли»

   Б) «Неудача на выставке»

   В) «Как стать художником?»

Субтест 3. ПИСЬМО

Инструкция по выполнению теста

- **Время выполнения теста — 55 минут.**
- Вы получили задания, инструкции к заданиям и рабочие листы.
- **Напишите на рабочем листе фамилию, имя, страну и дату.**
- Тест состоит из 3 заданий.
- При выполнении теста **можно пользоваться толковым словарём**.

Инструкция по выполнению задания 1

- Вам будут предъявлены печатные тексты.
- **Ваша задача:** на основании прочитанного написать **личное письмо рекомендательного характера**.
- **Время выполнения задания:** 20 минут.
- **Объём текста:** 50–70 слов.

Задание 1. Представьте себе, что ваш друг хочет поздравить с днём рождения свою девушку и найти для неё интересный подарок. Внимательно прочитайте **все** рекламные объявления, выберите **соответствующие** и напишите **своему другу письмо**, где **советуете** ему (2–3) подарка, которые понравились бы его девушке. Ваше письмо должно содержать **информацию и аргументы, достаточные для принятия решения**.

Подарки для домашних любимцев!
Сеть магазинов «ЗооПланета»

Подарочные наборы для прогулок и активного отдыха с 25% скидкой
А также:

- **лакомства и корм**
- **шампуни**
- **модная одежда**
- **игрушки и многое другое!**

«ЗооПланета» — с любовью к вам и вашим питомцам!

Игрушка из цветов
Оригинальное и красивое решение – игрушки из живых цветов!
Ёжик – 1700 руб.
Заяц – 1900 руб.
Бабочка – 1600 руб.
Цыплёнок – 1500 руб.
Доставка по Санкт-Петербургу
Флор-студия «Настроение»
(812) 702-9-222
http://buket-podarki.ru/

Контактный мини-зоопарк

Вход 990 руб.

Еноты и кролики

Запись на посещение обязательна!
8 800 775 49 35
(звонок по России бесплатный)
http://animal.ru

Подари ей небо!

Подарочный сертификат

Параплан 1499 руб.
Полет в аэротрубе 1799 руб.
(812) 926 37 26
http://poletsamolet.ru

Бегающий будильник	**Светильник «Радуга в банке»**
С таким будильником вы никогда не опоздаете!	Волшебная лампа «собирает» свет весь день, чтобы с наступлением ночи порадовать вас!
Будильник не боится падать. Легко установить настройки. Издает громкие, но мелодичные звуки. Питание: 4 батарейки AAA Диаметр колеса: 9 см Цена: 1160 руб.	Семь цветов радуги начинают сменять друг друга, освещая всё вокруг удивительным красочным светом. Цена: 1290 руб. 8 800 555 6 300 (звонок по России бесплатный) Пн-Пт с 10:00 до 20:00 http://www.drugiepodarki.com/spb
(495) 646-07-90 http://www.pum-pu.ru/podarki	

Инструкция по выполнению задания 2

- Вам предлагается ситуация, относящаяся к социально-деловой сфере общения.

- **Ваша задача**: написать текст **официально-делового характера** в соответствии с представленной ситуацией и предложенным заданием.

- **Время выполнения задания:** 15 минут.

- **Объём текста:** 30–50 слов.

Задание 2. Вы едете в командировку в Новосибирск. Коллеги предложили встретить вас в аэропорту. Напишите **им деловое письмо**:

- поблагодарите за готовность организовать встречу;
- сообщите время прибытия и информацию о рейсе;

- сообщите, где вы планируете остановиться;
- предупредите о том, что у вас с собой будет крупный багаж.

Инструкция по выполнению задания 3

- Вам предлагается ситуация, относящаяся к социально-бытовой сфере общения.
- **Ваша задача:** написать **неформальное письмо** в соответствии с представленной ситуацией и предложенным заданием.
- **Время выполнения задания:** 20 минут.
- **Объём текста:** 100–150 слов.

Задание 3. Представьте, что ваш друг — директор детского развлекательного центра. В данный момент ему требуется кандидат на должность управляющего персоналом.

Ваша задача: написать **дружеское письмо**, в котором вы должны **охарактеризовать** вашего знакомого, а именно его:

- характер;
- образование;
- профессиональные качества;
- опыт работы;
- сферу интересов;
- обстоятельства знакомства с этим человеком.

Также вам нужно выразить **мнение** о том, справится ли ваш знакомый с этой работой.

Субтест 4. АУДИРОВАНИЕ

Инструкция по выполнению теста

- **Время выполнения теста — 35 минут.**
- Вы получили задания, инструкции к заданиям и матрицы.
- **Напишите в матрице фамилию, имя, страну и дату.**
- Тест состоит из 2 частей (25 заданий).
- При выполнении теста **пользоваться словарём нельзя.**
- Слушайте аудиотексты и смотрите видеосюжеты.
- **Все материалы демонстрируются один раз.**
- В заданиях нужно выбрать вариант ответа и отметить его в матрице.

   Например:

   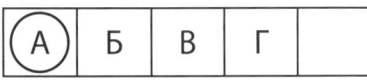

   (Вы выбрали вариант А).

   Если вы ошиблись и хотите исправить ошибку, сделайте так:

   Например:

   (Ваш выбор — вариант В, вариант А — ошибка).

   Отмечайте ваш выбор только в матрице, в тесте ничего не пишите! Проверяться будет только матрица.

ЧАСТЬ 1

Инструкция по выполнению заданий 1–5

- **Задания 1–5** выполняются после прослушивания реплики одного из участников диалога.
- **Время выполнения заданий:** 5 минут.
- **Время звучания реплики:** 30 секунд.

Задания 1–5. Прослушайте начальные реплики **диалога** бабушки и внучки — фрагмент из телевизионного сериала «Любимые женщины Казановы» (Киностудия «Маркес»; студия «Иллюзион» реж. С. Быстрицкий, 2014 год). Выберите один вариант ответа к каждому из заданий.

(Звучит реплика одного из участников.)

1. **Бабушка сообщает о том, что** _____ .

    А) активно ищет работу

    Б) её жизнь изменится

    В) давно мечтает о покое

2. **Вопрос внучки касается** _____ **возможной работы бабушки.**

    А) цели

    Б) причины

    В) условий

3. **К идее бабушки внучка относится** _____ .

    А) положительно

    Б) нейтрально

    В) отрицательно

4. Взгляды на работу у бабушки и внучки _____ .

   А) совпадают полностью

   Б) совпадают частично

   В) совсем не совпадают

5. В словах бабушки выражено _____ .

   А) удовлетворение

   Б) сомнение

   В) опасение

Инструкция по выполнению заданий 6–10

- **Задания 6–10** выполняются после прослушивания сообщения.
- **Время выполнения заданий:** 5 минут.
- **Время звучания сообщения:** 30 секунд.

Задания 6–10. Прослушайте **рекламную радиоинформацию** и выберите один вариант ответа к каждому из заданий.

(Звучит объявление.)

6. Рекламируется жилой комплекс, находящийся _____ .

   А) далеко от Москвы

   Б) недалеко от Москвы

   В) в Москве

7. Речь идёт о жилом комплексе, который хорошо сочетается с _____ .

   А) местным пейзажем

   Б) соседними зданиями

   В) архитектурой города

8. Своими положительными впечатлениями делятся ____ .

А) строители комплекса

Б) авторы проекта

В) члены одной семьи

9. Цены на рекламируемое жильё ____ .

А) относительно низкие

Б) средние

В) достаточно высокие

10. Эта рекламная информация может быть особенно интересна ____ .

А) пожилым одиноким людям

Б) молодым небогатым семьям

В) семьям с высокими доходами

ЧАСТЬ 2

Инструкция по выполнению заданий 11–15

- **Задания 11–15** выполняются после просмотра видеозаписи диалога.
- **Время выполнения заданий:** 6 минут.
- **Время звучания диалога:** 2 минуты.

Задания 11–15. Посмотрите фрагмент **кинофильма** «Вам и не снилось» (киностудия им. М. Горького, реж. И. Фрэз, 1980 год). Выберите один вариант ответа к каждому из заданий.

(Идёт видеозапись кинофильма.)

11. Новость о переводе в другую школу Рому _____ .

   А) очень удивила

   Б) заинтересовала

   В) озадачила

12. О решении родителей Рома узнал от _____ .

   А) школьной подруги

   Б) своего учителя

   В) директора школы

13. Родители перевели Рому в другую школу, чтобы _____ .

   А) ему было ближе ходить на занятия

   Б) у него появились новые друзья

   В) он лучше подготовился к поступлению в вуз

14. Рома отреагировал на новость о переводе в другую школу с _____ .

   А) любопытством

   Б) подозрением

   В) возмущением

15. Свой поступок отец объясняет _____ .

   А) правом отца на все решения в семье

   Б) заботой о будущем сына

   В) властным характером матери

Инструкция по выполнению заданий 16–20

- **Задания 16–20** выполняются после прослушивания аудиозаписи новостей.
- **Время выполнения заданий:** 6 минут.
- **Время звучания диалога:** 2 минуты.

Задание 16–20. Прослушайте аудиозапись **новостей** и выберите один вариант ответа к каждому из заданий.

(Звучит аудиозапись новостей.)

16. **По сообщениям министерства внутренних дел, на улицах Москвы праздник отмечают примерно _____ .**

   А) 60 тысяч человек

   Б) 70 тысяч человек

   В) 80 тысяч человек

17. **В День народного единства в Москве открывают памятник князю _____ .**

   А) Василию

   Б) Владимиру

   В) Михаилу

18. **Заявление о невозможности сотрудничать с террористами Мария Захарова сделала для Международного радио _____ .**

   А) Европы

   Б) Китая

   В) России

19. Во Франции нелегальных мигрантов переселяют из _____ .

А) Парижа в регионы

Б) регионов в столицу

В) центра города на его окраины

20. Взрыв в турецком городе Диярбакыр произошёл _____ .

А) в супермаркете

Б) у здания полиции

В) в ресторане

Инструкция по выполнению заданий 21–25

- **Задания 21–25** выполняются после просмотра видеозаписи интервью.
- **Время выполнения заданий:** 6 минут.
- **Время звучания аудиотекста:** 2 минуты.

Задания 21–25. Посмотрите фрагмент видеозаписи **интервью** с известным шахматистом, гроссмейстером Сергеем Карякиным, принявшим участие в борьбе за звание чемпиона мира. Выберите один вариант ответа к каждому из заданий.

(Идёт видеозапись встречи.)

21. Первый вопрос журналиста был о _____ .

А) результате игры

Б) ходе шахматного поединка

В) подготовке к соревнованию

22. С. Карякин сказал, что определённую слабость он почувствовал в _____ соревнований.

А) начале

Б) середине

В) конце

23. Поединок, по мнению С. Карякина, был очень серьёзным благодаря _____.

А) его хорошей подготовке и его команде

Б) хорошим условиям и сильному противнику

В) желанию выиграть и поддержке семьи

24. По популярности журналист сравнивает шахматы с _____.

А) хоккеем

Б) футболом

В) волейболом

25. Огромный интерес к шахматам С. Карякин воспринимает с _____.

А) удивлением

Б) любопытством

В) радостью

Субтест 5. ГОВОРЕНИЕ

Инструкция по выполнению теста

- **Время выполнения теста — 45 минут.**
- Вы получили задания, инструкции к заданиям и рабочий лист.
- Тест состоит из 3 частей (15 заданий).
- Ваш собеседник — тестор. Это означает, что роль вашего собеседника в соответствии с предъявленным заданием выполняет тестор.
- При выполнении заданий **пользоваться словарём нельзя.**
- Ваши ответы записываются на электронный носитель.

ЧАСТЬ 1

Инструкция по выполнению заданий 1–4

- **Ваша задача — поддержать диалог** в соответствии с заданием.
- **Задание выполняется без подготовки.**
- **Время выполнения задания:** 1,5 минуты.
- **Пауза для ответа:** 10 секунд.

Задания 1–4. Представьте себе, что вы с другом побывали на новогодней вечеринке. Другу праздник понравился, а вам нет. Вы должны высказать **противоположное мнение**. Возразите своему собеседнику. Используйте антонимичные оценочные слова.

1. – Праздник был просто замечательный!
– _____.

2. – Атмосфера была такая тёплая!
– _____.

3. – Все блюда и напитки были великолепны!
– _____.

4. – По-моему, все гости к концу вечера выглядели счастливыми!
– _____.

Инструкция по выполнению заданий 5–8

- Ваша задача — ответить на реплики собеседника в соответствии с заданной ситуацией и указанным намерением.
- **Задание выполняется без подготовки.**
- **Время выполнения задания:** 1,5 минуты.
- **Пауза для ответа:** 15 секунд.

Задания 5–8. Вы разговариваете с другом (подругой), который вернулся из Москвы, где учился год. Отреагируйте на реплики собеседника, выражая заданное намерение.

5. Выразите благодарность:
– Я привёз тебе из Москвы подарок.
– _____.

6. Выразите удивление:

– Хочу похвастаться. Я стал в Москве лучшим студентом года.

– _____ .

7. Выразите сочувствие:

– Все каникулы просидел за компьютером, делал проект для конкурса!

– _____ .

8. Дайте совет:

– Надо куда-нибудь поехать, отдохнуть теперь!

– _____ .

Инструкция по выполнению заданий 9–12

- Вам будут предъявлены 4 реплики в письменном виде.
- **Ваша задача — воспроизвести реплики с интонацией**, соответствующей намерению, которое предложено в задании.
- **Задание выполняется без подготовки.**
- **Время выполнения задания:** 1,5 минуты.

Задания 9–12. Воспроизведите реплики с интонацией, соответствующей следующим намерениям:

9. Вы восхищаетесь:

– Как звучит рояль// Просто прелесть//

– _____ .

10. Вы недовольны:

– Что вы принесли// Я просил вас совсем не об этом//

– _____.

11. Вы сомневаетесь:

– Кто будет покупать товары по таким ценам// В других магазинах цены ниже//

– _____.

12. Вы возмущены:

– Сколько можно ждать// Час уже стоим//

– _____.

Инструкция по выполнению задания 13

- Задание выполняется после просмотра **видеосюжета**.
- **Ваша задача** — составить **подробный рассказ** об увиденном и высказать **предположение**, почему это произошло.
- **Длина видеосюжета:** 4 минуты.
- **Время на подготовку:** 10 минут.
- **Время выполнения задания:** 3–5 минут.

Задание 13. Посмотрите видеосюжет и расскажите об увиденном друзьям. Опишите ситуацию и действующих лиц и выскажите предположение, почему, по вашему мнению, возникла такая ситуация.

Демонстрируется фрагмент к/ф «Арифметика подлости»
(Star Media, реж. А. Лисовец, 2011 год).

Инструкция по выполнению задания 14

- Вы **инициатор** диалога.
- **Ваш собеседник — тестор.**
- **Ваша задача** — подробно **расспросить** своего собеседника в соответствии с предложенным заданием.
- **Время на подготовку:** 3 минуты.
- **Время выполнения задания:** 3–5 минут.

Задание 14. Вы ищете работу и прочитали в интернете объявление о вакансии администратора:

Гостиница для животных

«Милый друг»

приглашает на работу администратора.

Требования к кандидату:

▶ знание психологии животных;

▶ опыт работы с различными животными;

▶ аккуратность и пунктуальность;

▶ умение работать в коллективе;

▶ деловые качества.

Высокая почасовая оплата.

Гибкий график работы.

Живописное расположение.

Телефон: 123-45-67.

Электронная почта: belami@pochta.rf

Это объявление вас заинтересовало. Позвоните по указанному телефону и расспросите обо всём как можно более подробно, чтобы решить хотели бы вы там работать, или нет.

Инструкция по выполнению задания 15

- Вы должны принять участие в **обсуждении** определённой **проблемы**.
- **Ваш собеседник — тестор.**
- **Ваша задача** — в процессе беседы **высказать свою точку зрения** по предложенному вопросу, адекватно реагируя на реплики тестора.
- **Задание выполняется без подготовки.**
- **Время выполнения задания:** не более 10 минут.

Задание 15. Примите участие в беседе на тему, предложенную тестором. Сферу обсуждения можете выбрать вы, а тему или проблему обсуждения предложит вам тестор. Это может быть обсуждение в сфере экономики, экологии, науки и образования, культуры, социальных проблем и т. д.

2부 정답

Контрольные матрицы

ЛЕКСИКА. ГРАММАТИКА

어휘, 문법 영역 정답

МАКСИМАЛЬНОЕ КОЛИЧЕСТВО БАЛЛОВ — 150.

	ЧАСТЬ 1				
1	А	Б	В	**Г**	1
2	А	Б	**В**	Г	1
3	**А**	Б	В	Г	1
4	А	Б	**В**	Г	1
5	**А**	Б	В	Г	1
6	А	**Б**	В	Г	1
7	А	Б	В	**Г**	1
8	**А**	Б	В	Г	1
9	А	**Б**	В	Г	1
10	**А**	Б			1
11	А	**Б**			1
12	А	**Б**			1
13	**А**	Б			1
14	**А**	Б			1
15	**А**	Б			1
16	А	**Б**			1
17	А	**Б**			1
18	А	**Б**			1
19	А	**Б**			1
20	**А**	Б			1

21	**А**	Б			1
22	А	**Б**			1
23	**А**	Б			1
24	**А**	Б			1
25	А	**Б**			1

	ЧАСТЬ 2				
26	А	Б	В	**Г**	1
27	А	**Б**	В	Г	1
28	А	Б	В	**Г**	1
29	**А**	Б	В	Г	1
30	**А**	Б	В	Г	1
31	А	**Б**	В	Г	1
32	А	**Б**	В	Г	1
33	А	Б	**В**	Г	1
34	**А**	Б	В	Г	1
35	А	Б	**В**	Г	1
36	А	Б	В	**Г**	1
37	**А**	Б	В	Г	1
38	А	Б	**В**	Г	1
39	А	Б	В	**Г**	1
40	А	**Б**	В	Г	1

41	**А**	Б	В	Г	1
42	А	Б	В	**Г**	1
43	**А**	Б	В	Г	1
44	А	Б	**В**	Г	1
45	А	**Б**	В	Г	1
46	**А**	Б	В	Г	1
47	А	Б	В	**Г**	1
48	А	Б	В	**Г**	1
49	А	Б	**В**	Г	1
50	А	**Б**	В	Г	1

ЧАСТЬ 3						
51	А	Б	**В**	Г	1
52	А	Б	В	**Г**	1
53	**А**	Б	В	Г	1
54	А	Б	**В**	Г	1
55	А	**Б**	В	Г	1
56	А	Б	**В**	Г	1
57	**А**	Б	В	Г	1
58	А	Б	**В**	Г	1
59	А	Б	**В**	Г	1
60	А	Б	В	**Г**	1
61	А	Б	В	**Г**	1
62	А	Б	В	**Г**	1
63	**А**	Б	В	Г	1
64	А	Б	В	**Г**	1
65	А	**Б**	В	Г	1
66	А	Б	В	**Г**	1

67	**А**	Б	В	Г	1
68	А	**Б**	В	Г	1
69	А	Б	В	**Г**	1
70	А	Б	В	**Г**	1
71	А	Б	**В**	Г	1
72	А	**Б**	В	Г	1
73	**А**	Б	В	Г	1
74	А	Б	В	**Г**	1
75	А	Б	**В**	Г	1

ЧАСТЬ 4						
76	**А**	Б	В	Г	1
77	А	Б	**В**	Г	1
78	А	Б	В	**Г**	1
79	А	Б	**В**	Г	1
80	**А**	Б	В	Г	1
81	А	Б	В	**Г**	1
82	**А**	Б	В	Г	1
83	А	Б	В	**Г**	1
84	А	Б	В	**Г**	1
85	А	**Б**	В	Г	1
86	А	Б	**В**	Г	1
87	**А**	Б	В	Г	1
88	А	Б	**В**	Г	1
89	А	**Б**	В	Г	1
90	А	Б	**В**	Г	1
91	А	**Б**	В	Г	1
92	А	Б	**В**	Г	1

№	А	Б	В	Г	1
93	А	Б	**В**	Г	1
94	А	Б	В	**Г**	1
95	А	**Б**	В	Г	1
96	А	**Б**	В	Г	1
97	А	Б	**В**	Г	1
98	А	Б	В	**Г**	1
99	**А**	Б	В	Г	1
100	А	Б	**В**	Г	1

ЧАСТЬ 5						
101	А	Б	В	**Г**	1
102	А	**Б**	В	Г	1
103	**А**	Б	В	Г	1
104	А	Б	В	**Г**	1
105	А	Б	**В**	Г	1
106	А	Б	**В**	Г	1
107	**А**	Б	В	Г	1
108	**А**	Б	В	Г	1
109	А	Б	**В**	Г	1
110	**А**	Б	В	Г	1
111	А	Б	**В**	Г	1
112	А	Б	**В**	Г	1
113	А	**Б**	В	Г	1
114	А	Б	**В**	Г	1
115	А	Б	В	**Г**	1
116	А	**Б**	В	Г	1
117	**А**	Б	В	Г	1
118	А	Б	**В**	Г	1

№	А	Б	В	Г	1
119	А	**Б**	В	Г	1
120	А	Б	В	**Г**	1
121	А	Б	В	**Г**	1
122	А	**Б**	В	Г	1
123	А	Б	В	**Г**	1
124	**А**	Б	В	Г	1
125	А	Б	**В**	Г	1

ЧАСТЬ 6						
126	А	Б	В	**Г**	1
127	А	Б	**В**	Г	1
128	**А**	Б	В	Г	1
129	А	**Б**	В	Г	1
130	А	Б	В	**Г**	1
131	А	Б	**В**	Г	1
132	А	Б	В	**Г**	1
133	**А**	Б	В	Г	1
134	А	**Б**	В	Г	1
135	**А**	Б	В	Г	1
136	А	Б	**В**	Г	1
137	А	**Б**	В	Г	1
138	А	Б	В	**Г**	1
139	**А**	Б	В	Г	1
140	**А**	Б	В	Г	1
141	А	Б	В	**Г**	1
142	А	Б	**В**	Г	1
143	А	**Б**	В	Г	1
144	**А**	Б	В	Г	1

145	А	Б	**В**	Г	1
146	А	Б	**В**	Г	1
147	А	**Б**	В	Г	1
148	**А**	Б	В	Г	1
149	А	Б	В	**Г**	1
150	А	Б	**В**	Г	1

ЧТЕНИЕ

읽기 영역 정답

МАКСИМАЛЬНОЕ КОЛИЧЕСТВО БАЛЛОВ — 150.

1	**А**	Б	В	6
2	А	**Б**	В	6
3	А	Б	**В**	6
4	**А**	Б	В	6
5	А	**Б**	В	6
6	А	Б	**В**	6
7	А	Б	**В**	6
8	А	**Б**	В	6
9	А	**Б**	В	6
10	А	Б	**В**	6
11	А	**Б**	В	6
12	А	**Б**	В	6
13	**А**	Б	В	6
14	**А**	Б	В	6

15	А	Б	**В**	6
16	А	Б	**В**	6
17	**А**	Б	В	6
18	А	**Б**	В	6
19	А	**Б**	В	6
20	А	Б	**В**	6
21	А	**Б**	В	6
22	**А**	Б	В	6
23	А	Б	**В**	6
24	А	Б	**В**	6
25	**А**	Б	В	6

ПИСЬМО
쓰기 영역 예시 답안

Задание 1. Представьте себе, что ваш друг хочет поздравить с днём рождения свою девушку и найти для неё интересный подарок. Внимательно прочитайте все рекламные объявления, выберите соответствующие и напишите своему другу письмо, где советуете ему (2-3) подарка, которые понравились бы его девушке. Ваше письмо должно содержать информацию и аргументы, достаточные для принятия решения.

Первый вариант ответа

Саша, привет!

Отвечаю на твою просьбу.

Хочу посоветовать тебе подарить билет в мини-зоопарк «Еноты и кролики». Многие считают, что контактные мини-зоопарки – это развлечение для детей, но мне кажется, взрослым тоже будет очень интересно. Тем более твоя девушка любит животных. Вход стоит 990 рублей за человека.

Или ты можешь заказать игрушку из цветов в флор-студии «Настроение». Я думаю, твоя девушка будет в восторге от букета цветов в форме милой игрушки.

Если будут вопросы, пиши.

Пока!

Витя

Второй вариант ответа

Дима, здравствуй!

С радостью отвечаю на твою просьбу.

Советую тебе подарить сертификат на полёт на параплане. Сертификат стоит 1499 рублей. Мне кажется, ей очень понравится такой необычный подарок, он запомнится на всю жизнь.

Если же ты хочешь подарить то, что будет напоминать ей о тебе, могу порекомендовать светильник «Радуга в банке». Такой светильник пользуется большой популярностью у девушек. Вечером он будет создавать сказочную атмосферу.

Уверен, ты выберешь отличный подарок.

Петя

Задание 2. **Вы едете в командировку в Новосибирск. Коллеги предложили встретить вас в аэропорту. Напишите им деловое письмо.**

- поблагодарите за готовность организовать встречу;

- сообщите время прибытия и информацию о рейсе;

- сообщите, где вы планируете остановиться;

- предупредите о том, что у вас с собой будет крупный багаж.

Первый вариант ответа

От преподавателя корейского языка РГГУ

Ли Юбин

Уважаемые коллеги!

Позвольте поблагодарить Вас за готовность организовать для меня встречу.

Мой рейс под номером 6251 должен прибыть в аэропорт «Толмачёво» в 11:00 утра. С собой у меня будет большой чемодан. Я остановлюсь в гостинице «Сибирь».

До скорой встречи!

С уважением, Ли Юбин

Второй вариант ответа

От главного менеджера ООО «Путь»

Зайцевой Н. А.

Уважаемые коллеги!

Благодарю Вас за предложение встретить меня в аэропорту.

Мой рейс прибудет в аэропорт «Толмачёво» в 2 часа дня. Номер рейса – 4356. У меня будет крупный багаж. Я планирую остановиться в гостинице «Центральная».

С нетерпением жду встречи.

С уважением, Зайцева Н. А.

Задание 3. Представьте, что ваш друг – директор развлекательного центра. В данный момент ему требуется кандидат на должность управляющего персоналом.

Ваша задача: написать дружеское письмо, в котором вы должны охарактеризовать вашего знакомого, а именно его:

- характер;

- образование;

- профессиональные качества;

- опыт работы;

- сферу интересов;

- обстоятельства знакомства с этим человеком.

Также вам нужно выразить мнение о том, справится ли ваш знакомый с этой работой.

Первый вариант ответа

Дорогой Миша!

С удовольствием отвечу на твою просьбу.

Я хочу порекомендовать тебе своего знакомого Алексея. Я знаю его почти пять лет. Мы с ним вместе подрабатывали в городской библиотеке.

Четыре года назад Алексей окончил с отличием Санкт-Петербургский государственный университет по специальности «Управление персоналом». Во время учёбы в университете он как один из лучших учеников проходил стажировку в международной компании. После университета Алексей сразу устроился на работу в турфирму, где три года работал менеджером по подбору персонала. Все коллеги отзывались о нём как о способном и ответственном специалисте.

Алексей общительный, внимательный и терпеливый молодой человек. С ним всегда очень интересно общаться, можно поговорить на любые темы. Алексей любит активные виды спорта. В свободное время он занимается баскетболом. У них с друзьями даже есть своя любительская команда, в которой Алексей капитан.

Миша, если ты возьмёшь Алексея на работу к себе в центр, ты точно не пожалеешь, но выбор за тобой.

Пока!

Катя

Второй вариант ответа

Костя, здравствуй!

В прошлом письме ты писал, что ищешь управляющего персоналом к себе в центр. Я хочу порекомендовать тебе свою знакомую Лену, которая идеально подойдёт на эту должность.

Лену я знаю почти десять лет. Мы с ней вместе учились в Краснодарском государственном университете. Во время учёбы в университете она вела активную научную и общественную жизнь. Выступала на научных конференциях, участвовала в студенческих фестивалях. Все преподаватели хвалили Лену за её ум, ответственное отношение к учёбе и активную студенческую деятельность.

После окончания университета она прошла обучение на курсах управления персоналом в престижной московской бизнес-школе. Окончив обучение, Лена вернулась в Краснодар и устроилась менеджером в крупную гостиницу. За три года работы в гостинице она два раза становилась «лучшим работником года». И это не удивительно, поскольку я знаю, как добросовестно Лена подходит к своей работе. А ещё она очень общительная и весёлая.

Костя, думаю, Лена отлично справиться с должностью управляющего персоналом.

Жду ответа.

Паша

АУДИРОВАНИЕ

듣기 영역 정답

МАКСИМАЛЬНОЕ КОЛИЧЕСТВО БАЛЛОВ ЗА ТЕСТ – 150.

№					№				
1	А	**Б**	В	б	20	А	**Б**	В	б
2	**А**	Б	В	б	21	А	Б	**В**	б
3	А	Б	**В**	б	22	А	Б	**В**	б
4	А	Б	**В**	б	23	**А**	Б	В	б
5	**А**	Б	В	б	24	А	**Б**	В	б
6	А	**Б**	В	б	25	А	Б	**В**	б
7	**А**	Б	В	б					
8	А	Б	**В**	б					
9	**А**	Б	В	б					
10	А	**Б**	В	б					
11	**А**	Б	В	б					
12	**А**	Б	В	б					
13	А	Б	**В**	б					
14	А	Б	**В**	б					
15	А	**Б**	В	б					
16	А	Б	**В**	б					
17	А	**Б**	В	б					
18	А	**Б**	В	б					
19	**А**	Б	В	б					

녹음 원문

ЧАСТЬ 1

Задания 1–5. **Прослушайте начальные реплики диалога бабушки и внучки, фрагмент из телевизионного сериала «Любимые женщины Казановы» (Киностудия «Маркес»; студия «Иллюзион», реж. С. Быстрицкий, 2014 год), и выберите один вариант ответа к каждому из заданий.**

Б: Я работу нашла// Я буду водить экскурсии по Москве// Представляешь//

В: Зачем, зачем тебе это надо// Работа тяжёлая/ платят мало//

Б: Ну и что// А мне очень нравится// Надоело мне сидеть дома и у вас быть домработницей// Понятно//

Задания 6–10. **Прослушайте рекламную радиоинформацию и выберите один вариант ответа к каждому из заданий.**

Диктор:	Жилой комплекс «Новоснегирёвский»// Этот мини-город прекрасно вписался в природу Подмосковья/ а цена квартиры от тридцати девяти тысяч рублей за квадратный метр/ легко впишется в ваш бюджет//
Мать семейства:	Мы два года назад купили квартиру в строящемся доме//
Первая дочка:	А теперь живём здесь/ и всем нам очень нравится//
Вторая дочка:	А Василиса с Ванюшкой/ пойдут в новый детский садик//
Мать семейства:	А между прочим/
Отец семейства:	…мы уже и детям купили квартиру в третьей очереди//
Малыш:	Да//
Диктор:	Жилой комплекс «Новоснегирёвский»//

ЧАСТЬ 2

Задания 11–15. **Посмотрите фрагмент кинофильма (киностудия им. М. Горького, реж. И. Фрэз, 1980 год). Выберите один вариант ответа к каждому из заданий.**

Рома: Отец/ я видел сейчас Алёну// Она рассказала мне потрясающую новость// Вы меня перевели в другую школу// Зачем// Что за ерунда//

Отец: Ну/ сначала здравствуй//

Рома: Здравствуй//

Отец: Рюкзак убери с дороги// Может/ умоешься//

Рома: Нет//

Отец: Тогда давай поговорим// Рома/ мы думали о твоём будущем// Тебе нужна более солидная подготовка/ если ты хочешь после школы на физтех//

Рома: Кто хочет//

Отец: Ты// Разве ты передумал//

Рома: Ах/ значит/ всё-таки я// Значит/ меня нужно было спросить/ что я об этом думаю// А вы сами всё решили// Без меня//

Отец: Ну какое это имеет значение/ с тобой/ без тебя// Для тебя//

Рома: Тайком// Не сказав ни слова// У нас же так никогда не было//

Отец: Ну/ так случилось// Прости мать за это// Твоё будущее всё-таки//

Рома: Моё будущее// Понимаешь/ моё// Мне и решать//

Отец: Ты пока для себя ещё ничего не сделал// И долго ещё не сделаешь// Всё/ мы// Это не упрёк// Придёт и твоё время/

Рома: Надоело// Хватит мне читать морали//

Отец: Ты о матери подумал// Знаешь ведь/ что у неё больное сердце//

Рома: Запрещённый приём/ отец//

Отец: Причём тут приём// Это жизнь// Уступи// Я тебя как мужчину прошу//

Задания 16–20. **Прослушайте аудиозапись новостей и выберите один вариант ответа к каждому из заданий.**

▶ Шествие/ посвящённое Дню народного единства/ который сегодня отмечается в России/ проходит в центре Москвы// Колонна двинулась по Тверской улице от Музея современной истории России// В МВД заявляют/ что в этом мероприятии принимает участие порядка 80 тысяч человек// Это представители молодёжных/ студенческих/ профсоюзных организаций/ политических партий// Они пройдут по улице до пересечения с Охотным рядом/ где состоится праздничный митинг-концерт//

▶ Добавлю/ что днём на Боровицкой площади пройдёт торжественная церемония открытия памятника Князю Владимиру// В мероприятии примет участие и президент// А затем он в Кремле вручит государственные награды за вклад и укрепление единства российской нации//

▶ В США пора избавиться от иллюзий о возможности приручить террористов/ или получить какие-либо выгоды от сотрудничества с ними// Об этом в интервью Международному радио Китая/ заявил официальный представитель российского МИДа Мария Захарова// По её словам/ все прекрасно понимают/ что очень много и сил/ и денег/ и материально-технических средств было вложено и западными/ и региональными странами в Джабхат Ан-Нусру и другие террористические группировки// Но это — боевики/ и заигрывать с ними нельзя/ подчеркнула Захарова//

▶ Парижская полиция/ проводит масштабную операцию по расселению нелегального лагеря мигрантов в северной части столицы// В палаточном городке/ в районе площади Сталинград/ проживает до 3-х тысяч выходцев из Афганистана и Судана// С утра/ к площади прибыли значительные силы правоохранительных органов// Полицейские разбудили спящих мигрантов и настоятельно рекомендовали им проследовать в автобусы// Все нелегалы будут доставлены в специальные центры в различных регионах Франции// Пока операция проходит без инцидентов. <…>

▶ Взрыв у полицейского управления в турецком городе Диярбакыр был совершён членами действующей сепаратистской террористической группировки// Об этом говорится в официальном заявлении губернаторства одноимённой провинции// Власти Турции/ обычно называют сепаратистской запрещённую в стране Рабочую партию Курдистана// По последним данным/ в результате взрыва заминированного автомобиля у здания полиции в Диярбакыре погиб один человек и ещё не менее 30 пострадали// <…>

Задания 21–25. **Посмотрите фрагмент интервью с известным шахматистом, гроссмейстером Сергеем Карякиным, принявшим участие в борьбе за звание чемпиона мира, и выберите один вариант ответа к каждому из заданий.**

Журналист: Скажите ещё по поводу именно Вашего поединка с Карлсеном// Как Вы готовились// Я знаю/ Вы вот мне перед интервью рассказали/ что более чем за 40 дней приехали в Соединённые Штаты для того/ чтобы там уже проводить подготовку/ как-то пристраиваться под американское время//

Сергей Карякин:	Задача была акклиматизироваться// Мы/ мы/ получается/ приехали в Майами// Там у нас были сборы/ двадцатидневные// Очень хорошо отдохнули/ очень хорошо позанимались/ матч это подтвердил/ что у меня было много сил/
Ж:	Угу//
СК:	И я вот очень хорошо боролся// Но как бы чуть-чуть в конце не хватило// Но/ но как бы один из нас уже должен был пойти дальше// В принципе это нормально//
Ж:	Ну а как Вы считаете/ за счёт чего вообще этот поединок Вам удалось сделать одним из самых упорных за последнее время// Так/ что даже Карлсен/ как Вы говорили/ сказал/ что это был один из самых тяжёлых для него поединков// То есть это что/ Ваша подготовка/ длительная// Вы уже изучили/ соперника//
СК:	Ну/ я думаю/ да// Это/ во-первых/ моя подготовка// Во-вторых/ это моя команда// Это мои единомышленники/ это мои тренеры/ которые мне очень помогли//
Ж:	Вы осознаёте сейчас/ да/ что в принципе после этого матча/ Ваша популярность/ ну/ сейчас/ просто/ возросла до таких высот// Вот мы даже посмотрели, что сейчас/ э/ по упоминаемости Вы сравнялись с главным тренером сборной России по футболу Станиславом Черчесовым// Нет/ на самом деле// Вот что это это для Вас значит// И как Вы считаете/ как дальше нужно удерживать такие показатели/ и/ я имею в виду то/ что шахматы сейчас действительно/ стали за/ последние дни/ благодаря Вам/ очень-очень популярными//
СК:	Это конечно же очень здорово// Но что касается что для этого мне нужно делать/ я думаю/ что побеждать// Побеждать как на обычных супер-турнирах/ так и становиться чемпионом мира//
Ж:	Спасибо Вам большое/ Сергей/ что пришли сегодня к нам в студию//
СК:	Спасибо//
Ж:	И я Вас ещё раз поздравляю/ с заслуженным серебром//
СК:	Спасибо большое//

ГОВОРЕНИЕ
말하기 영역 예시 답안

Задания 1–4. **Представьте себе, что вы вместе с другом побывали на новогодней вечеринке. Другу праздник понравился, а вам нет. Вы должны высказать противоположное мнение. Возразите своему собеседнику. Используйте антонимичные оценочные слова.**

1.

Первый вариант ответа

– Праздник был просто замечательный!
– Что ты! Он был просто ужасный с самого начала и до конца.

Второй вариант ответа

– Праздник был просто замечательный!
– А мне вечеринка совсем не понравилась. Это был худший праздник в моей жизни.

2.

Первый вариант ответа

– Атмосфера была такая тёплая!
– Совсем наоборот! Музыка была слишком шумная, людей было много, все толкали друг друга.

Второй вариант ответа

– Атмосфера была такая тёплая!
– Совершенно с тобой не согласен(-на). Не было никакой атмосферы. Я вообще не почувствовала праздничного настроения.

3.

Первый вариант ответа

– Все блюда и напитки были великолепны!

– Напротив! Все блюда были невкусные, фрукты – несвежие, а напитки – тёплые.

Второй вариант ответа

– Все блюда и напитки были великолепны!
– А я так не думаю. Еда тоже была очень плохой. Все блюда показались очень жирными и остывшими.

4.

Первый вариант ответа

– По-моему, все гости к концу вечера выглядели счастливыми!
– А мне кажется, наоборот, все гости были очень недовольными и хотели скорее уйти с праздника.

Второй вариант ответа

– По-моему, все гости к концу вечера выглядели счастливыми!
– Совсем нет! Гости выглядели очень уставшими и раздражёнными. Я думаю, никому не понравился праздник.

Задания 5–8. Вы разговариваете с другом (подругой), который вернулся из Москвы, где учился год. Отреагируйте на реплики собеседника, выражая заданное намерение.

5.

Первый вариант ответа

Выразите благодарность:

– Я привёз тебе из Москвы подарок.
– Спасибо за такой замечательный подарок!

Второй вариант ответа

Выразите благодарность:

– Я привёз тебе из Москвы подарок.
– Большое спасибо! Мне очень приятно.

6.

Первый вариант ответа

Выразите радость:

– Хочу похвастаться. Я стал в Москве лучшим студентом года.

– Как здорово! Я так рад за тебя!

Второй вариант ответа

Выразите радость:

– Хочу похвастаться. Я стал в Москве лучшим студентом года.

– Правда?! Молодец! Какая хорошая новость!

7.

Первый вариант ответа

Выразите сочувствие:

– Все каникулы просидел за компьютером, делал проект для конкурса!

– Как жаль, что ты не смог отдохнуть!

Второй вариант ответа

Выразите сочувствие:

– Все каникулы просидел за компьютером, делал проект для конкурса!

– Как же так! Очень плохо, что провёл все каникулы за учёбой!

8.

Первый вариант ответа

Дайте совет:

– Надо куда-нибудь поехать, отдохнуть теперь!

– Конечно! Советую тебе поехать на море. Сейчас как раз очень хорошая погода.

Второй вариант ответа

Дайте совет:

– Надо куда-нибудь поехать, отдохнуть теперь!

– Да, тебе обязательно нужно отдохнуть. Ты можешь поехать на природу за город.

Задание 13. **Посмотрите видеосюжет и расскажите об увиденном друзьям. Опишите ситуацию, действующих лиц и выскажите предположение, почему, по вашему мнению, возникла такая ситуация.**

Первый вариант ответа

В квартире идёт ремонт. Девушка красит стены, а в квартиру заходит молодой человек, которого она называет «Кисель». Девушка говорит ему, что ей не терпится сделать в квартире ремонт. Вдруг кто-то позвонил в дверной звонок. Девушка открывает дверь и видит перед собой молодого мужчину. Кажется, она не ожидала его увидеть. Затем к ним подходит Кисель. Гость понял, что молодые люди решили жить вместе и поздравил их. Но девушка резко разворачивается и убегает в слезах, а Кисель прогоняет мужчину. Кисель выглядит очень радостным. Он берёт девушку за плечи, а она отталкивает его и говорит, что он ей очень надоел. Кисель уходит.

Я думаю, девушка не любит Киселя, а любит молодого человека, который пришёл к ним. Но почему-то она решила быть с Киселём, а не с ним. Поэтому она так расстроилась, когда увидела его. Возможно, в прошлом он её обидел или полюбил другую девушку. А теперь, узнав, что она собирается жить с Киселём, захотел вернуть её. Мне кажется, девушка очень хорошая и добрая, а эти двое молодых людей не достойны её.

Второй вариант ответа

Действия видеосюжета происходят в небольшой квартире. Девушка делает там ремонт. В это время в квартиру входит парень с пакетами. Этого молодого человека девушка называет «Кисель», а саму девушку зовут Марина. Пока Кисель и Марина разговаривали в дверь кто-то позвонил. Марина открыла дверь и замерла, увидев, кто пришёл. В дверях стоял молодой мужчина в белой рубашке и галстуке. Мужчина даёт понять, что хотел быть с Мариной, но опоздал. Марина заплакала, а Кисель прогнал мужчину. Кисель выглядит очень радостным. Он хочет что-то сказать Марине, но она его не слушает, и он уходит.

Очевидно, что Марине не нравится Кисель, хотя она и решила жить с ним. Мне кажется, она относится к нему как к другу, а Кисель влюблён в неё. Я думаю, она плохо поступает по отношению к Киселю. Видно, что она любит мужчину, который пришёл к ним. Но из-за чего-то они не могут быть вместе. Поэтому, чтобы не быть одной, Марина решила жить с Киселём. А когда снова увидела этого мужчину, пожалела о своём решении.

Задание 14. **Вы ищете работу и прочитали в интернете объявление о вакансии администратора.**

Это объявление вас заинтересовало. Позвоните по указанному телефону и расспросите обо всём как можно более подробно, чтобы решить хотели бы вы там работать, или нет.

Первый вариант ответа

– Алло, здравствуйте!

– Здравствуйте!

– Это гостиница для животных «Милый друг»?

– Да, вы по какому вопросу?

– По поводу работы. Я прочитала в интернете объявление, что вы ищете сотрудника на должность администратора.

– Что именно вас интересует?

– Скажите, пожалуйста, что входит в обязанности администратора?

– Заселение в гостиницу и оформление документов, а также уход за животными.

– Сколько раз в неделю нужно выходить на работу?

– Желательно пять-шесть раз в неделю.

– Сколько часов в день нужно работать?

– По шесть часов в день.

– В котором часу начинается рабочий день?

– Рабочий день начинается в 8 часов утра.

– Сколько рублей составляет почасовая оплата?

– Оплата составляет 1000 рублей в час, в выходные – 1200.

– Нужно ли проходить испытательный срок?

– Да.

– Сколько он длится?

– Испытательный срок длится один месяц.

– Какая почасовая оплата на испытательном сроке?

– 700 рублей в час.

– Какие документы необходимы для подачи?

– Резюме, паспорт и медицинская справка.

– Могу ли я отправить все документы электронной почтой?

– Да, это возможно.
– До какого числа вы принимаете документы?
– До седьмого июля.
– Хорошо. Тогда я постараюсь отправить документы на следующей неделе. До свидания!
– Всего хорошего!

Второй вариант ответа

– Алло!
– Добрый день! Чем я могу вам помочь?
– Здравствуйте! Я звоню по объявлению о работе.
– Я вас слушаю.
– Я бы хотела узнать, какие обязанности должен выполнять администратор.
– В обязанности администратора входит бронирование номеров, оформление и размещение животных.
– Каких животных оставляют у вас в гостинице?
– В нашей гостинице в основном оставляют собак и иногда кошек. Также мы принимаем хомяков и кроликов.
– Какая будет почасовая оплата?
– 1100 рублей.
– Какой рабочий график у администратора?
– С восьми утра до восьми вечера четыре раза в неделю.
– По каким дням нужно выходить на работу?
– Нужно выходить в понедельник, среду, пятницу и субботу.
– Можно ли менять график работы?
– Да, график работы можно менять, если это необходимо.
– Как часто можно брать выходные?
– Выходные можно брать два раза в месяц, а один раз в год мы предоставляем двухнедельный отпуск.
– Как я могу подать заявление о приёме на работу?
– Вам нужно заполнить заявление и прислать его нам на электронную почту вместе с резюме.
– А где я могу найти заявление?

– Вы можете скачать его у нас на сайте.

– Нужно ли проходить собеседование?

– Да, если вы удачно пройдёте отбор по документам, мы пригласим вас на собеседование.

– А где находится ваша гостиница?

– Мы находимся напротив парка «Дружба».

– Хорошо. Спасибо.

– Не за что. До свидания!

– До свидания!

Задание 15. **Примите участие в беседе на тему, предложенную тестором. Сферу обсуждения можете выбрать вы, а тему или проблему обсуждения предложит вам тестор. Это может быть обсуждение в сфере экономики, экологии, науки и образования, культуры, социальных проблем и т.д.**

Образец беседы

1. **Сценарий речевого поведения тестора:** Ввод в проблему, запрос мнения

    Реплика-стимул: – Насколько важной вы считаете демографическую проблему в мире?

    Реплика-реакция тестируемого: – Мне кажется, демографическая проблема является одной из важнейших социальных проблем. Поскольку она напрямую связана с благополучием каждого из нас и наших потомков, а также ведёт за собой ряд культурных, экологических, экономических и других проблем. В настоящее время этот вопрос стоит очень остро во многих странах мира.

    Схема речевого поведения тестируемого: Высказывание мнения

2. **Сценарий речевого поведения тестора:** Запрос уточнения информации

    Реплика-стимул: – Уточните, пожалуйста, в чём именно состоит демографическая проблема?

    Реплика-реакция тестируемого: : – Демографическая проблема в первую очередь состоит в неравномерном приросте населения и угрозе перенаселения. В развитых странах идёт сильное сокращение молодого населения и увеличение числа людей пожилого возраста, так называемое демографическое старение. А численность населения стран с низким уровнем социального и экономического развития, наоборот, растёт очень быстрыми темпами, что может привести к перенаселению планеты. Говорят, что уже к 2050 году на Земле будет жить около 10 миллиардов человек.

Схема речевого поведения тестируемого: Уточнение информации

3. Сценарий речевого поведения тестора: Запрос разъяснения мнения

Реплика-стимул: – Объясните, почему вы считаете демографическую проблему настолько важной?

Реплика-реакция тестируемого: – Во-первых, сильный прирост населения может привести к нехватке пресной воды и продуктов питания, а также топливно-энергетических и других природных ресурсов. Например, уже в наше время в некоторых районах Африки дети умирают от голода и нехватки питьевой воды. Во-вторых, как всем известно, большая численность населения Земли оказывает плохое воздействие на окружающую среду, загрязняя её. В-третьих, неравномерный прирост населения может привести к массовым миграциям, которые в свою очередь станут причиной межэтнических конфликтов. В последнее время мы всё чаще можем наблюдать, как европейцы недовольны политикой своего правительства, которые принимают у себя в стране беженцев из стран Африки и других бедных регионов. В-четвёртых, встанет проблема нехватки рабочих мест. Даже сейчас многие молодые люди страдают от безработицы.

Схема речевого поведения тестируемого: Разъяснение мнения

4. Сценарий речевого поведения тестора: Запрос информации

Реплика-стимул: Каковы же основные причины неравномерного прироста населения?

Реплика-реакция тестируемого: – Существует несколько причин неравномерного прироста населения. Например, в развитых странах резкое сокращение численности населения связанно с высоким уровнем образования, хорошим качеством жизни, а также развитием технологий и медицины. В страх Европы, Северной Америки и некоторых развитых странах Азии у людей на первом месте стоит желание развивать себя как личность. Поэтому они не спешат заводить семью и детей. Также они понимают всю ответственность, которую они на себя берут, рожая детей. Поэтому, прежде чем заводить семью, они стараются достичь финансовой стабильности. В бедных же регионах планеты, наоборот, из-за отсутствия или низкого уровня образования, а также из-за страха остаться без помощи в старости наблюдается высокая рождаемость.

Схема речевого поведения тестируемого: Информация

5. Сценарий речевого поведения тестора: Запрос оценочного суждения

Реплика-стимул: – А как вы оцениваете существующую ситуацию в мире?

Реплика-реакция тестируемого: – Я думаю, что через несколько десятков лет нас ждёт критическая ситуация. Хотя правительства некоторых стран и проводят демографическую политику, поддерживая рождаемость или наоборот стараясь снизить её, ситуация в мире становится всё хуже. Численность населения бедных стран постоянно растёт, в то время как в развитых странах люди всё реже хотят иметь детей. Если в развитых странах правительство ещё может как-то повлиять на рождаемость, то в слаборазвитых странах Африки это сделать очень сложно, практически невозможно.

Схема речевого поведения тестируемого: Выражение оценочного суждения

6. Сценарий речевого поведения тестора: Запрос обоснования

Реплика-стимул: – Почему вы думаете, что в бедных странах правительству сложно влиять на рождаемость?

Реплика-реакция тестируемого: – Как я говорил(-а) ранее, одной из причин высокой рождаемости в этих странах является низкий уровень образования или же полное его отсутствие. Чтобы сократить рождаемость необходимо проводить различные мероприятия и лекции по планированию семьи. Но это представляется невозможным, так как у жителей этих стран нет даже элементарных базовых знаний. Также в бедных странах слабое медицинское обслуживание и нет препаратов и средств, которые могли бы предотвращать беременность. А у мирового сообщества нет столько денег, чтобы снабжать их всем необходимым.

Схема речевого поведения тестируемого: Обоснование

7. Сценарий речевого поведения тестора: Запрос сравнения

Реплика-стимул: – А если сравнить слаборазвитые страны Африки с Китаем, где на данный момент самая большая численность населения?

Реплика-реакция тестируемого: – По моему мнению, в отличие от стран Африки, где в некоторых регионах люди отличаются крайней безграмотностью, в Китае можно предпринять какие-то меры. Поскольку там развита медицина и большинство людей получило хоть какое-то базовое образование. Правительство Китая также предпринимает различные меры, направленные на ограничение рождаемости. Хотя это и не очень правильно запрещать людям иметь столько детей, сколько они хотят, однако при нынешней ситуации в мире, я считаю, проведение подобной политики может стать одним из способов решения проблемы перенаселения. Поскольку, как мне кажется, запрещать рожать много детей более гуманно, чем потом видеть, как эти дети умирают от голода.

Схема речевого поведения тестируемого: Сравнение

8. Сценарий речевого поведения тестора: Запрос примера

Реплика-стимул: – А какая демографическая ситуация у вас в стране и какие меры принимаются правительством для её улучшения?

Реплика-реакция тестируемого: – В Южной Корее, наоборот, очень низкая рождаемость. Демографическая ситуация в нашей стране оставляет желать лучшего. В прошлом году у нас был зафиксирован самый низкий уровень рождаемости, а правительство даже говорит об угрозе демографического кризиса. На данный момент Южная Корея считается одной из самых развитых стран мира. Жители нашей страны привыкли много работать и заниматься саморазвитием. К сожалению, в последнее время многие девушки не стремятся выходить замуж и заводить детей. Они мечтают о хорошей карьере и хотят реализовать себя как профессионала в какой-нибудь сфере, а не в материнстве. Также мы очень серьёзно относимся к браку и воспитанию детей. Перед тем как создавать семью мы усердно работаем, чтобы обеспечить будущего ребёнка всем необходимым. Подобная тенденция низкой рождаемости ведёт к нехватке трудоспособного населения, в связи с чем появляется необходимость в привлечении рабочей силы из других стран. Однако большой приток в Корею иностранных граждан из Китая, Индии, Юго-Восточной и Средней Азии и других менее благополучных регионов может привести к различным этническим и культурным проблемам. Сейчас правительство усердно разрабатывает ряд мер, направленных на повышение рождаемости. Одной из таких мер является оказание денежной помощи матерям.

Схема речевого поведения тестируемого: Приведение примера

9. Сценарий речевого поведения тестора: Запрос предположения

Реплика-стимул: – Как вы думаете, смогут ли предпринятые вашим правительством меры изменить ситуацию в стране?

Реплика-реакция тестируемого: – Сложно ответить на этот вопрос. Я думаю, рождаемость увеличится, но совсем не значительно. Возможно те, кто хотел иметь детей, но не имел на это финансовую возможность, всё же решатся родить хотя бы одного ребёнка. Однако в Корее много и тех, кто просто не хочет заводить детей, или тех, которые так и не нашли того, с кем бы захотели создать семью. Мне кажется, это очень серьёзная социальная проблема корейского общества.

Схема речевого поведения тестируемого: Высказывание предположения

10. Сценарий речевого поведения тестора: Запрос вывода

Реплика-стимул: – Что же мировое сообщество должно предпринять, чтобы предотвратить неравномерный прирост населения?

Реплика-реакция тестируемого: – Да, так как это проблема затрагивает весь мир, мировое сообщество должно сплотиться для её решения. Развитым странам нужно не только проводить правильную демографическую политику внутри страны, но и помогать слаборазвитым странам. Необходимо регулировать численность населения через планирование семьи, а также найти другие правильные и эффективные способы реализации демографической политики. Также в развитых странах наряду с демографической политикой необходимо также проводить более жёсткую миграционную политику. А в бедных странах помимо проведения демографической политики необходимо применять меры по повышению социального уровня и образования населения. Мировое сообщество должно как-то подействовать на правительства стран со слабым уровнем развития для предотвращения перенаселения планеты.

Схема речевого поведения тестируемого: Вывод

답안지

Рабочие матрицы

ЛЕКСИКА. ГРАММАТИКА

Имя, фамилия _____   Страна _____   Дата _____

ЧАСТЬ 1				
1	А	Б	В	Г
2	А	Б	В	Г
3	А	Б	В	Г
4	А	Б	В	Г
5	А	Б	В	Г
6	А	Б	В	Г
7	А	Б	В	Г
8	А	Б	В	Г
9	А	Б	В	Г
10	А	Б		
11	А	Б		
12	А	Б		
13	А	Б		
14	А	Б		
15	А	Б		
16	А	Б		
17	А	Б		
18	А	Б		
19	А	Б		
20	А	Б		
21	А	Б		
22	А	Б		
23	А	Б		
24	А	Б		
25	А	Б		

ЧАСТЬ 2				
26	А	Б	В	Г
27	А	Б	В	Г
28	А	Б	В	Г
29	А	Б	В	Г
30	А	Б	В	Г
31	А	Б	В	Г
32	А	Б	В	Г
33	А	Б	В	Г
34	А	Б	В	Г
35	А	Б	В	Г
36	А	Б	В	Г
37	А	Б	В	Г
38	А	Б	В	Г
39	А	Б	В	Г
40	А	Б	В	Г
41	А	Б	В	Г
42	А	Б	В	Г
43	А	Б	В	Г
44	А	Б	В	Г
45	А	Б	В	Г
46	А	Б	В	Г
47	А	Б	В	Г
48	А	Б	В	Г
49	А	Б	В	Г
50	А	Б	В	Г

	ЧАСТЬ 3				
51	А	Б	В	Г	
52	А	Б	В	Г	
53	А	Б	В	Г	
54	А	Б	В	Г	
55	А	Б	В	Г	
56	А	Б	В	Г	
57	А	Б	В	Г	
58	А	Б	В	Г	
59	А	Б	В	Г	
60	А	Б	В	Г	
61	А	Б	В	Г	
62	А	Б	В	Г	
63	А	Б	В	Г	
64	А	Б	В	Г	
65	А	Б	В	Г	
66	А	Б	В	Г	
67	А	Б	В	Г	
68	А	Б	В	Г	
69	А	Б	В	Г	
70	А	Б	В	Г	
71	А	Б	В		
72	А	Б	В	Г	
73	А	Б	В	Г	
74	А	Б	В	Г	
75	А	Б	В	Г	

	ЧАСТЬ 4				
76	А	Б	В	Г	
77	А	Б	В	Г	
78	А	Б	В	Г	
79	А	Б	В	Г	
80	А	Б	В	Г	
81	А	Б	В	Г	
82	А	Б	В	Г	
83	А	Б	В	Г	
84	А	Б	В	Г	
85	А	Б	В	Г	
86	А	Б	В	Г	
87	А	Б	В	Г	
88	А	Б	В	Г	
89	А	Б	В	Г	
90	А	Б	В	Г	
91	А	Б	В	Г	
92	А	Б	В	Г	
93	А	Б	В	Г	
94	А	Б	В	Г	
95	А	Б	В	Г	
96	А	Б	В	Г	
97	А	Б	В	Г	
98	А	Б	В	Г	
99	А	Б	В	Г	
100	А	Б	В	Г	

절취선을 따라 잘라서 사용하세요

	ЧАСТЬ 5				
101	А	Б	В	Г	
102	А	Б	В	Г	
103	А	Б	В	Г	
104	А	Б	В	Г	
105	А	Б	В	Г	
106	А	Б	В	Г	
107	А	Б	В	Г	
108	А	Б	В	Г	
109	А	Б	В	Г	
110	А	Б	В	Г	
111	А	Б	В	Г	
112	А	Б	В	Г	
113	А	Б	В	Г	
114	А	Б	В	Г	
115	А	Б	В	Г	
116	А	Б	В	Г	
117	А	Б	В	Г	
118	А	Б	В	Г	
119	А	Б	В	Г	
120	А	Б	В	Г	
121	А	Б	В	Г	
122	А	Б	В	Г	
123	А	Б	В	Г	
124	А	Б	В	Г	
125	А	Б	В	Г	

	ЧАСТЬ 6				
126	А	Б	В	Г	
127	А	Б	В	Г	
128	А	Б	В	Г	
129	А	Б	В	Г	
130	А	Б	В	Г	
131	А	Б	В	Г	
132	А	Б	В	Г	
133	А	Б	В	Г	
134	А	Б	В	Г	
135	А	Б	В	Г	
136	А	Б	В	Г	
137	А	Б	В	Г	
138	А	Б	В	Г	
139	А	Б	В	Г	
140	А	Б	В	Г	
141	А	Б	В	Г	
142	А	Б	В	Г	
143	А	Б	В	Г	
144	А	Б	В	Г	
145	А	Б	В	Г	
146	А	Б	В	Г	
147	А	Б	В	Г	
148	А	Б	В	Г	
149	А	Б	В	Г	
150	А	Б	В	Г	

ЧТЕНИЕ

Имя, фамилия _____ **Страна** _____ **Дата** _____

1	А	Б	В	
2	А	Б	В	
3	А	Б	В	
4	А	Б	В	
5	А	Б	В	
6	А	Б	В	
7	А	Б	В	
8	А	Б	В	
9	А	Б	В	
10	А	Б	В	
11	А	Б	В	
12	А	Б	В	
13	А	Б	В	
14	А	Б	В	
15	А	Б	В	
16	А	Б	В	
17	А	Б	В	
18	А	Б	В	
19	А	Б	В	
20	А	Б	В	
21	А	Б	В	
22	А	Б	В	
23	А	Б	В	
24	А	Б	В	
25	А	Б	В	

ПИСЬМО

Имя, фамилия _____ **Страна** _____ **Дата** _____

ПИСЬМО

Имя, фамилия _____ **Страна** _____ **Дата** _____

ПИСЬМО

Имя, фамилия _____ **Страна** _____ **Дата** _____

АУДИРОВАНИЕ

Имя, фамилия_____ Страна_____ Дата_____

1	А	Б	В	
2	А	Б	В	
3	А	Б	В	
4	А	Б	В	
5	А	Б	В	
6	А	Б	В	
7	А	Б	В	
8	А	Б	В	
9	А	Б	В	
10	А	Б	В	
11	А	Б	В	
12	А	Б	В	
13	А	Б	В	
14	А	Б	В	
15	А	Б	В	
16	А	Б	В	
17	А	Б	В	
18	А	Б	В	
19	А	Б	В	
20	А	Б	В	
21	А	Б	В	
22	А	Б	В	
23	А	Б	В	
24	А	Б	В	
25	А	Б	В	

Дорога в Россию идет через Пушкинский дом!

러시아로 가는 길에 뿌쉬낀하우스가 있습니다!

러시아 교육문화센터
뿌쉬낀하우스는

www.pushkinhouse.co.kr

2002년 러시아와 한국을 잇는 문화적 가교의 역할을 담당하고자 하는 취지로 개원하여 러시아어 교육과 러시아 관련 도서의 출판, 문화교류 등의 분야에서 선도적인 역할을 하고 있습니다.

뿌쉬낀하우스
온라인스쿨은

lecture.pushkinhouse.co.kr

10여 년 동안 러시아어 교육분야에서 쌓아온 최고의 노하우를 여러분께 공개합니다.
이제 러시아어 전문 강사가 제공하는 최고의 강의를 온라인에서도 만나실 수 있습니다.